Stefan Beiersmann

Digitale Welt für Einsteiger

WhatsApp

Alle Funktionen, Tipps und Tricks

Für alle Android-Smartphones und alle iPhones

3., aktualisierte Auflage

Stiftung Warentest

Inhaltsverzeichnis

83

Welcher Smiley steht wofür? Der Emoji-Knigge gibt Ihnen eine Übersicht.

106

Auf der sicheren Seite: sechs Vorkehrungen für mehr Datenschutz.

116

Selbstlöschende Nachrichten in WhatsApp? So aktivieren Sie die Funktion.

Installation und Einrichtung

WhatsApp ist noch immer fast die Standard-App für die mobile Kommunikation: Nachrichten schreiben, Video-Chats, Dateien senden und viel mehr. Erfahren Sie in diesem Kapitel, wie Sie die App herunterladen, installieren und erste Schritte darin unternehmen.

Die App zum Hallo sagen

Ob Android-Smartphone oder iPhone: WhatsApp gibt es kostenlos für beide Systeme und bietet Ihnen neben den klassischen Textnachrichten vielfältige Möglichkeiten, mit Familie, Freunden oder auch Unternehmen zu kommunizieren. Dieser Ratgeber führt Sie Schritt für Schritt durch alle Funktionen.
Konkret werden in diesem Ratgeber das Android-Gerät Samsung Galaxy S21 mit dem aktuellen Android sowie ein iPhone mit dem aktuellen iOS verwendet. Die Unterschiede zwischen den beiden Betriebssystemen werden in jeweils verschiedenen Abschnitten

und durch viele Screenshots deutlich – sodass Sie diesen Ratgeber unabhängig davon verwenden können, ob Sie WhatsApp auf einem Android-Smartphone oder einem iPhone von Apple benutzen.

Läuft WhatsApp auch auf Ihrem Smartphone?

Die Anforderungen, die WhatsApp an Smartphones stellt, sind denkbar gering. Wichtig ist aber, dass Sie einen Mobilfunkvertrag mit Datenvolumen besitzen (siehe „Datennutzung …“, S. 26).

- **Android-Smartphones und -Tablets** benötigen mindestens die Version 4.0.3 Ice Cream Sandwich von 2011.
- **iPhones und iPads** benötigen mindestens die iOS-Version 10 von 2016.
- **Ausgewählte Telefone** mit KaiOS 2.5.1 und neuer, darunter das Nokia 8110 4G und 8000 4G, werden auch unterstützt.

„Was geht?“ – Der Funktionsumfang auf einen Blick

Ursprünglich war WhatsApp für kurze Statusmeldungen wie „Ich gehe jetzt ins Kino“ oder „Bin wieder zu Hause“ gedacht. Daher auch der Name, der im Englischen wie „What's up?“ klingt, also „Was ist los?“ – oder umgangssprachlich „Was geht ab?“.

Der weltweite Erfolg trat ein, nachdem ein Kurznachrichtendienst integriert wurde. Ab diesem Zeitpunkt bewarb man WhatsApp als kostenlose Alternative zur SMS. Mit inzwischen mehreren Milliarden aktiven Nutzerinnen und Nutzern hat man dieses Ziel zweifelsohne erreicht.

Heute unterstützt WhatsApp eine Vielzahl kostenloser Funktionen, die mit Kontakten aus aller Welt möglich sind:

- **Chatten** und Textnachrichten versenden
- **Gruppenchats** erstellen und verwalten
- **Sprachnachrichten** aufnehmen und versenden
- **Telefonie** und Videotelefonie
- **Versenden von Fotos, Videos, PDFs** und weiteren Dateien
- **Fotos und Videos aufnehmen,** kommentieren, bearbeiten

Siegeszug über die Konkurrenz

Deutlich ältere Konkurrenten wie ICQ, Skype oder Yahoo Messenger (inzwischen sogar eingestellt) hat WhatsApp schon längst abgehängt. Der beste Messenger ist nun mal der, bei dem auch die eigenen Kontakte bereits integriert sind. Zudem verleitet der immer weiter wachsende Funktionsumfang offenbar immer mehr Nutzerinnen und Nutzer, zu WhatsApp zu wechseln.
Der wichtigste Konkurrent, Facebook Messenger, kommt übrigens aus dem eigenen Hause. Abgesehen vom chinesischen Markt, wo Wechat dominiert, verfügen ansonsten vor allem Skype, Snapchat, Viber, Line und Telegram über relevante Nutzerzahlen.

Wo gibt es die App WhatsApp?

Auf vielen neuen Smartphones und iPhones ist die App WhatsApp bereits ab Werk vorinstalliert. Ansonsten sind für Android der Google Play Store sowie für das iPhone der App Store die erste Anlaufstelle. Achten Sie bei der Installation darauf, dass die App vom Hersteller WhatsApp Inc. stammt. Aufgrund der großen Beliebtheit von WhatsApp bringen Firmen immer wieder gefälschte Versionen in Umlauf.
Statt der angepriesenen zusätzlichen Funktionen enthalten die Apps aber oft Schadsoftware, mit der das eigene Smartphone ausgespäht oder sogar kontrolliert werden kann.

WhatsApp herunterladen und installieren unter Android

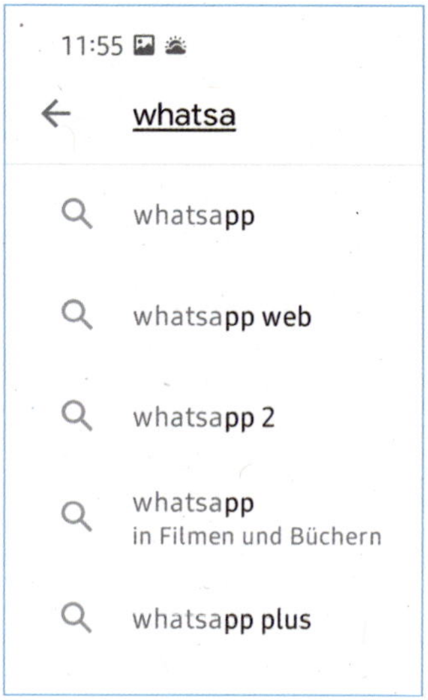

Das Symbol für den Play Store finden Sie auf dem Startbildschirm oder im App Drawer:

1 Öffnen Sie den Store durch Antippen des Symbols.

2 Geben Sie in das Suchfeld oben „WhatsApp" ein und tippen Sie in der Vorschlagsliste auf den Eintrag *WhatsApp*.

3 Tippen Sie auf *Installieren*, um die App herunterzuladen und automatisch zu installieren.

Alternativ können Sie die App auch vom PC aus über einen Browser installieren.

1 Öffnen Sie den Play Store unter play.google.com.

2 Geben Sie „WhatsApp" in das Suchfeld ein und drücken Sie die *Eingabetaste* (oder tippen Sie auf das *Lupen-Symbol*).

3 Tippen Sie nun auf den *WhatsApp Messenger* von WhatsApp LLC und anschließend auf *Installieren*. Eventuell müssen Sie sich nun mit dem Google-Konto, das Sie auch auf Ihrem Smartphone nutzen, im Browser anmelden.

4 Falls Sie mehrere Android-Geräte haben, wählen Sie das Gerät aus, auf dem WhatsApp installiert werden soll.

5 Die App wird nun auf Ihr Smartphone übertragen und dort installiert.

Nach der Installation finden Sie das WhatsApp-Symbol auf einem der Startbildschirme oder im App Drawer. Tippen Sie auf das Symbol, um die App zu öffnen. Beim ersten Start fordert WhatsApp Sie nun auf, den Nutzungsbedingungen und der Datenschutzrichtlinie zuzustimmen. Ohne Zustimmung zu beiden Regelwerken ist eine

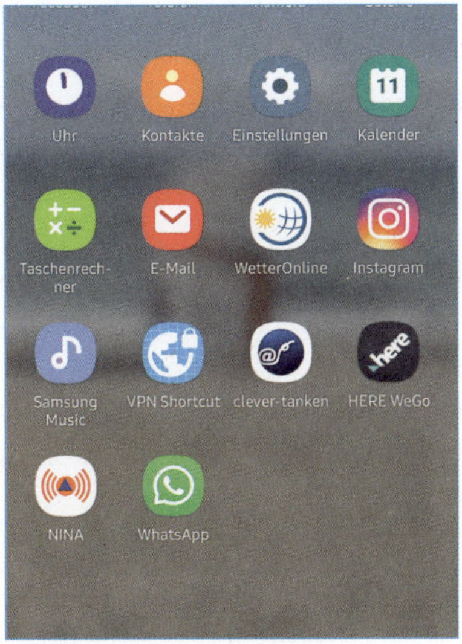

Nutzung der Messenger-App nicht möglich. Welche Daten WhatsApp von Ihnen sammelt und welche Rechte es sich in dem Zusammenhang vorbehält, wird ab S. 27 näher beschrieben.

Mit der Bestätigung der Bedingungen gewähren Sie WhatsApp übrigens noch keinen Zugriff auf Ihre Daten – die Berechtigungen erteilen Sie erst in einem späteren Schritt.

Zuvor möchte WhatsApp noch Ihre Telefonnummer überprüfen, denn die ist mit Ihrem WhatsApp-Konto verknüpft. Damit entspricht sie dem Benutzernamen und Kennwort eines normalen Onlinekontos.

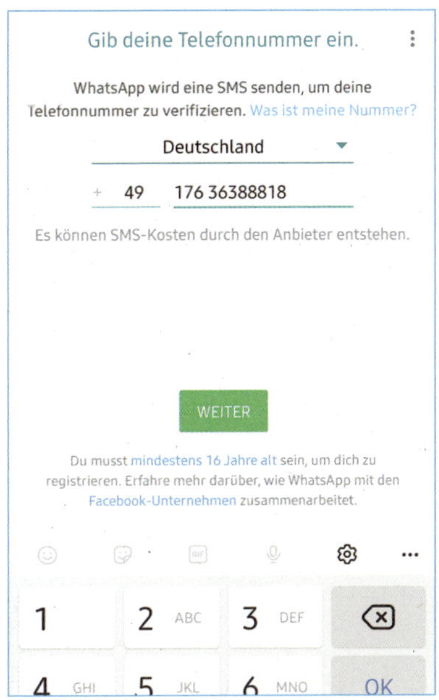

1 Geben Sie also Ihre Handynummer ein, ohne die „0" der Netzvorwahl. Alternativ können Sie auch eine Festnetznummer verwenden (siehe S. 104).

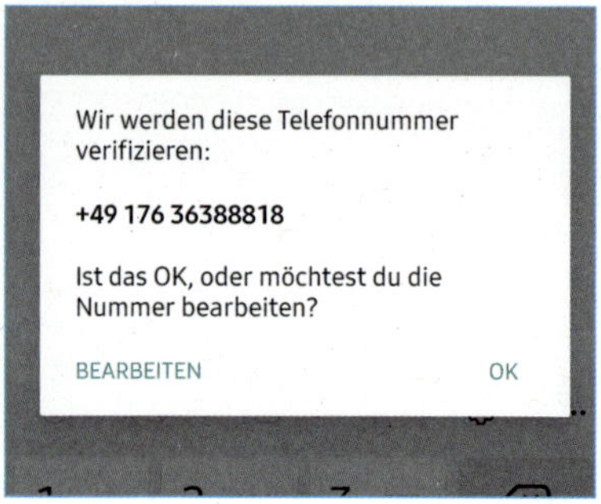

2 Tippen Sie anschließend auf *Weiter*, womit Sie zudem bestätigen, dass Sie mindestens 16 Jahre alt sind.

3 Mit *OK* bestätigen Sie anschließend, dass die angezeigte Telefonnummer verifiziert werden soll.

4 WhatsApp sendet nun an die eingegebene Nummer eine SMS mit einer Code-Nummer, die Sie in die App eingeben sollen. Handelt es sich um die Telefonnummer des gerade genutzten Handys, kann die App den Code direkt aus der SMS auslesen, womit die Verifizierung bereits abgeschlossen ist.

Berechtigungen für WhatsApp erteilen

Nun wird es tatsächlich „spannend", denn jetzt bittet WhatsApp um die bereits erwähnten Berechtigungen für Kontakte, Medien und Dateien. Begründet werden die Zugriffe mit dem Wunsch, ein in Ihrem Google-Konto hinterlegtes Backup wiederherzustellen. Tatsächlich werden diese Berechtigungen auch genau dafür benötigt, aber WhatsApp nutzt den Zugriff auf die Kontakte auch, um im Hintergrund sofort Ihr gesamtes Adressbuch auszulesen und auf seine Server zu übertragen. Wer also sein WhatsApp-Konto gerade erst angelegt und damit selbstverständlich noch kein Backup hat, sollte an dieser Stelle auf *Nicht jetzt* tippen. Falls Sie über ein Backup verfügen, ist *Weiter* die richtige Wahl. Mehr zu diesem Thema finden Sie auf S. 75.

Geben Sie nun Ihre Profilinformationen ein. Sie können in der App Ihren tatsächlichen Namen hinterlegen oder auch einen Fantasienamen. Sinnvoll ist ein Name, der es Personen in Ihrem Umfeld erlaubt, Sie zu identifizieren. Mehr zur Einrichtung des Profils (Sie können Ihren Namen also jederzeit ändern) erfahren Sie ab S. 15. Schließen Sie den Vorgang mit *Weiter* ab.

Bedienelemente unter Android

Danach präsentiert sich Ihnen erstmals die Bedienoberfläche von WhatsApp. Sie ist in vier Bereiche, auch Tabs genannt, aufgeteilt:

- Über das *Kamera-Symbol* ganz links oben rufen Sie die Kamera und gleichzeitig die Galerie auf, um Fotos oder Videos aufzunehmen oder vorhandene Bilder und Filme zu verschicken.
- Der Tab *Chats* (engl.: Gespräche) bringt Sie zu einer Liste mit den zuletzt geschriebenen Nachrichten. Sie sind nach Datum und Uhrzeit sortiert, wobei die Nachrichten, die Sie mit einem Kontakt oder einer Gruppe austauschen, zu einer Konversation zusammengefasst werden.
- Unter *Status* wiederum werden der Verlauf Ihrer Statusmeldungen und die Statusmeldungen Ihrer Kontakte angezeigt. Hier können Sie Ihre Kontakte über Ihre Stimmung, Ihren aktuellen Aufenthaltsort oder auch über Ihre aktuelle Tätigkeit informieren. Statusmeldungen werden automatisch an alle Kontakte verschickt.
- Ihre *Anrufe*, egal ob Sprach- oder Videotelefonate, finden Sie im ganz rechten Tab.

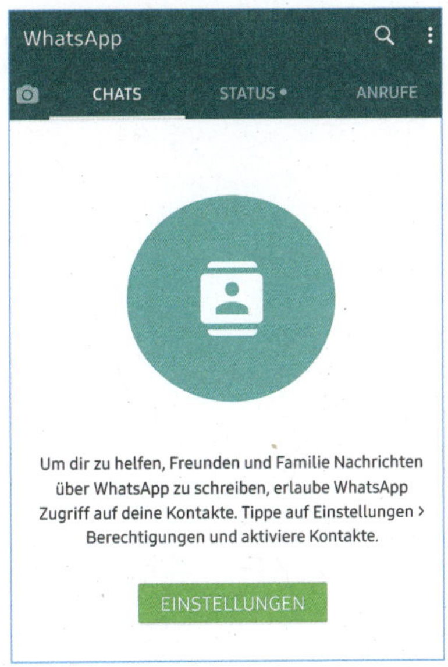

Oberhalb der Tabs können Sie durch Tippen auf das *Lupen-Symbol* die Suchfunktion starten, um Chats, Anrufe oder Kontakte zu finden. Die *drei Punkte* auf der rechten Seite öffnen das Menü, über das Sie eine Gruppe erstellen (siehe S. 66), einen Broadcast starten (siehe S. 81) oder WhatsApp Web einrichten können (siehe S. 16).

Auch die App-Einstellungen werden über dieses Menü aufgerufen. Zudem können Sie die Chat-Anzeige nach mit Stern markierten Nachrichten filtern, was ab S. 48 erklärt wird.

WhatsApp herunterladen und installieren mit dem iPhone

Die iPhone-Version von WhatsApp finden Sie im App Store auf Ihrem iPhone.
Tippen Sie unten rechts auf das *Lupen-Symbol*, um die Suchfunktion zu starten, und geben Sie „WhatsApp" ein. Schon während der Eingabe sollte Ihnen der App Store das gewünschte Suchergebnis vorschlagen, das Sie durch Antippen auswählen.
1 Tippen Sie nun auf den Eintrag, um sich eine detaillierte Beschreibung der App anzeigen zu lassen, oder direkt auf das *Wolken-Symbol* mit dem nach unten gerichteten Pfeil, um den Download und die Installation zu starten.

2 Gegebenenfalls müssen Sie den Einkauf – obwohl die App kostenlos ist – mit dem Passwort Ihrer Apple-ID oder Ihrem Fingerabdruck bestätigen.
3 Die App ist installiert, wenn die Schaltfläche *Öffnen* erscheint. Der App Store legt das grüne *WhatsApp-Symbol* aber auch auf einem Ihrer Startbildschirme ab, um die App künftig von dort aus zu öffnen.
Beim ersten Start müssen Sie den üblichen Nutzungsbedingungen sowie der Datenschutzrichtlinie zustimmen – ohne ist eine Nutzung der App nicht möglich. Danach möchte WhatsApp Ihnen Mitteilungen senden, um Sie über neue Nachrichten und andere Ereignisse der App informieren zu können, was Sie also erlauben sollten.

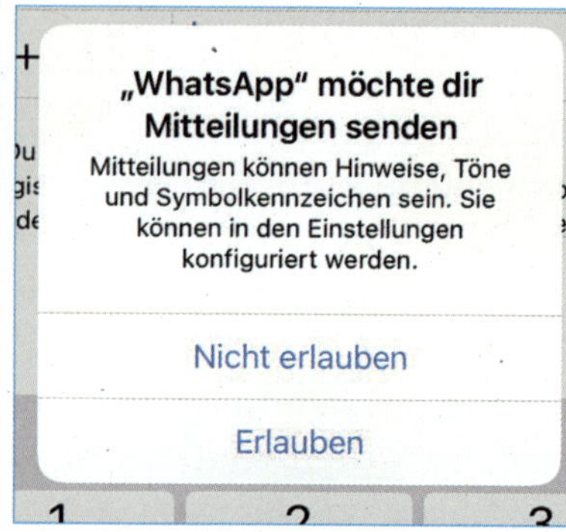

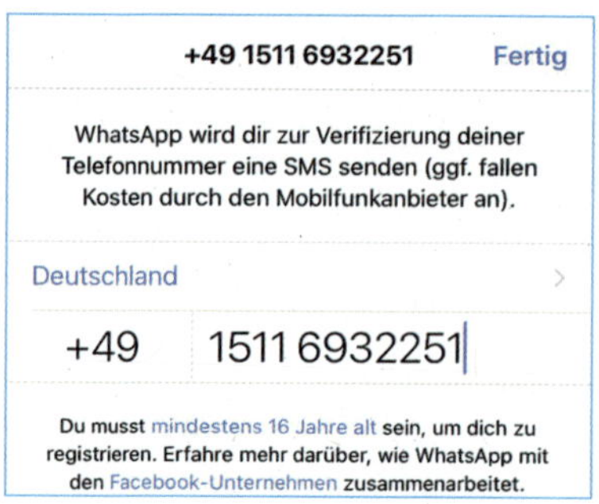

Die Benachrichtigungen der App können Sie selbstverständlich auch konfigurieren – wie das genau geht, wird ab S. 109 beschrieben.

WhatsApp benutzt, im Gegensatz zu den meisten anderen Apps und Diensten, keinen Benutzernamen mit Passwort, um Sie eindeutig zu identifizieren. Stattdessen benötigen Sie eine Telefonnummer: in der Regel die Ihres Handys – alternativ die eines Festnetzanschlusses.

1 Geben Sie also nun eine Telefonnummer ein, an die WhatsApp eine Bestätigungs-SMS mit einem sechsstelligen Zahlencode schicken kann, und zwar ohne die führende 0 der Vorwahl.

2 Tippen Sie dann oben rechts auf *Fertig*.

3 Anschließend erhalten Sie einen Aktivierungscode per SMS, den die App automatisch übernimmt.

4 Falls Sie ein neues WhatsApp-Konto angelegt haben, bleibt die Suche nach einem WhatsApp-Backup auf Apples Cloud-Speicher iCloud selbstverständlich ohne Ergebnis. Tippen Sie also auf *Wiederherstellen überspringen*.

5 Sollten Sie WhatsApp allerdings schon mit der registrierten Telefonnummer auf einem iPhone benutzt haben, können Sie nun ein Backup auf iCloud wiederherstellen, indem Sie auf *Chatverlauf wiederherstellen* tippen. Auch diesen Punkt können Sie überspringen.

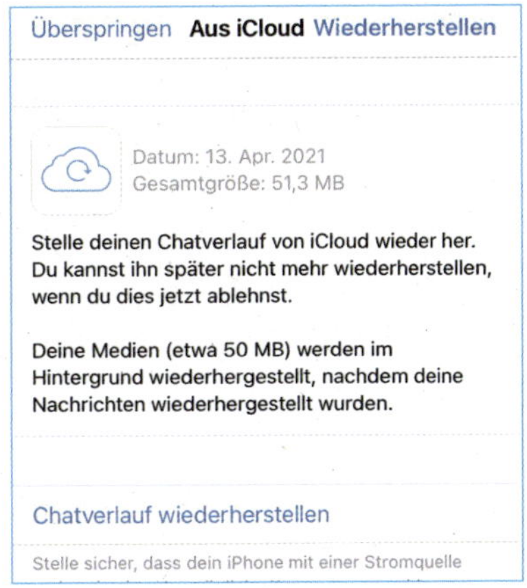

Name und Profilfoto festlegen

Tragen Sie anschließend einen Namen für Ihr WhatsApp-Profil ein. Sie können Ihren tatsächlichen Namen nehmen, nur den Vor- oder Nachnamen oder auch einen Spitznamen. Selbstverständlich haben Sie die Möglichkeit, diesen Namen auch jederzeit zu ändern. Wie das geht und wie Sie weitere Profilinformationen hinterlegen, wird auf S. 64 beschrieben.

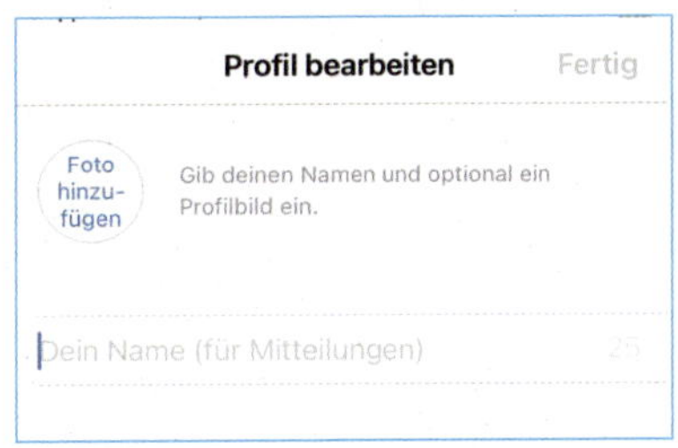

Bevor Sie nun die App verwenden können, möchte WhatsApp noch auf Ihre Kontakte zugreifen. Das erlaubt es WhatsApp, Ihnen alle Personen aus Ihrem Adressbuch anzuzeigen, mit denen Sie per WhatsApp kommunizieren können. Mehr zum Thema Datenschutz, siehe „Datenschutz und Sicherheit“, S. 84.

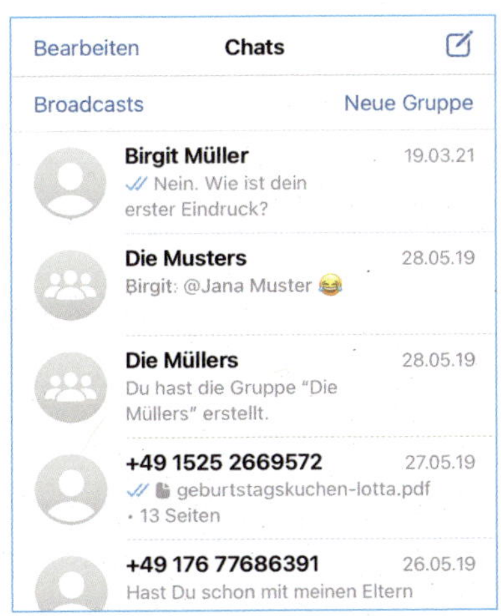

Die Bedienelemente auf dem iPhone

WhatsApp für das iPhone wird in erster Linie über die Tab-Leiste am unteren Bildrand bedient. Dort finden Sie die Symbole für die wichtigsten Funktionen: *Status*, *Anrufe*, *Kamera*, *Chats* und *Einstellungen*. Ein Tippen auf eines der Symbole öffnet die jeweilige Funktion. Mithilfe der Tab-Leiste können Sie auch einfach zwischen den einzelnen Funktionen wechseln – mit einer Ausnahme: Die Kamera wird über das Kreuz in der linken oberen Ecke geschlossen.

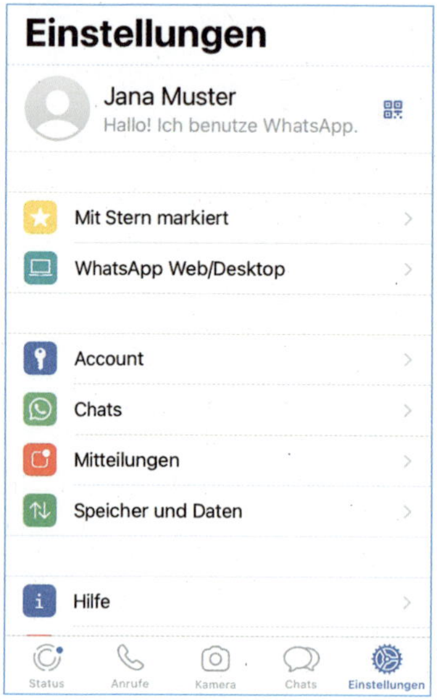

- Unter *Status* können Sie eine Statusmeldung an alle Kontakte verschicken, die nach 24 Stunden wieder verschwindet.
- Die *Anrufe-Funktion* umfasst Sprach- und Videotelefonate mit anderen WhatsApp-Kontakten.
- *Kamera* öffnet die Kamerafunktion.
- Unter *Chats* finden Sie eine Übersicht aller bisher mit Kontakten und WhatsApp-Gruppen ausgetauschten Textnachrichten. Von dort verschicken Sie auch eigene Nachrichten.
- Die *Einstellungen* erlauben es Ihnen, die App an Ihre eigenen Bedürfnisse anzupassen. Allerdings finden sich einige Einstellmöglichkeiten nicht in der WhatsApp-Anwendung, sondern in der Einstellungen-App Ihres iPhones selbst. Mehr dazu ab S. 110.

WhatsApp für Windows, macOS und WhatsApp Web

In erster Linie für Smartphones gedacht, gibt es offizielle Varianten von WhatsApp auch für andere internetfähige Geräte. Sie stehen für PCs ab Windows 8 (32 Bit und 64 Bit) sowie für macOS (ab Version 10.10 Yosemite) oder neuer auf der WhatsApp-Website zur Verfügung.
Aber auch, wer älterer Betriebssysteme wie Windows 7 oder Linux nutzt, lässt WhatsApp nicht im Stich. Für sie ist WhatsApp Web gedacht, eine Version des Kommunikationsdiensts, die im Browser ausgeführt wird.

Alle diese Varianten haben zwei Dinge gemeinsam: Sie bieten einen geringeren Funktionsumfang als die Apps für Android und iPhone und können nur parallel zu einem Smartphone genutzt werden. Man muss WhatsApp also vollständig auf einem Telefon eingerichtet haben, das aktiv und mit dem Internet verbunden sein muss, um WhatsApp im Browser oder mit einer Desktop-App überhaupt starten zu können.

1 Gehen Sie auf web.whatsapp.com oder öffnen Sie die Windows- beziehungsweise macOS-App, die Sie auf der WhatsApp-Website erhalten.

2 Öffnen Sie zudem *WhatsApp* auf Ihrem Telefon und tippen Sie unter Android auf *Menü > WhatsApp Web* oder auf dem iPhone auf *Einstellungen > WhatsApp Web*, um den angezeigten QR-Code zu scannen.

3 Die App auf Ihrem Telefon aktiviert anschließend die Kamera, mit der Sie den QR-Code aufnehmen.

4 Wurde der Code erfolgreich erkannt, müssen Sie nur noch die Meldung *OK, verstanden* bestätigen, um WhatsApp Web beziehungsweise WhatsApp für Windows oder macOS zu aktivieren.

Solange Sie sich in WhatsApp Web oder den Desktop-Anwendungen nicht abmelden, müssen Sie die Einrichtung nicht wiederholen. Öffnen Sie die Anwendung oder die Website einfach ein weiteres Mal, um WhatsApp auf dem Desktop nutzen zu können. Achten Sie jedoch darauf, dass Sie währenddessen ebenfalls auf Ihrem Smartphone

per WhatsApp erreichbar sind – andernfalls empfangen Sie auch auf dem Desktop keine Nachrichten.
Falls Sie die Verknüpfung zwischen WhatsApp und Ihrem PC oder Mac wieder trennen wollen (egal ob Desktop-App oder WhatsApp Web), müssen Sie auf Ihrem Smartphone lediglich erneut den Menüpunkt *WhatsApp Web* aufrufen. Dort sehen Sie die verknüpften Geräte inklusive der Option, alle Geräte abzumelden.

WhatsApp einrichten

Bevor wir uns den einzelnen Funktionen von WhatsApp im Detail widmen, sollten Sie die App an Ihre Bedürfnisse anpassen.
Tippen Sie dafür unter Android auf die *drei Punkte* in der rechten oberen Ecke und wählen Sie *Einstellungen* beziehungsweise tippen Sie auf Ihrem iPhone in der App unten rechts auf *Einstellungen*. Hier können Sie nun Ihr WhatsApp-Profil und Ihr WhatsApp-Konto bearbeiten, die Chat-Funktionen und die Benachrichtigungen konfigurieren und festlegen, wann und wie WhatsApp auf das Internet zugreift.
Einleitend werden wir uns allerdings nur mit Ihrem Profil, den Benachrichtigungen und der Datennutzung beschäftigen. Alle weiteren Einstellungen werden später im Zusammenhang mit den jeweiligen Funktionen genau beschrieben.

Profil bearbeiten

In Ihrem WhatsApp-Profil (oberster Eintrag in den Einstellungen) sind neben einem Foto und dem Namen, die Ihren WhatsApp-Kontakten angezeigt werden, auch Ihre Handynummer und Ihre „Info“ hinterlegt – Letzteres ist ein kurzer Spruch, der unter Ihrem Namen im WhatsApp-Adressbuch Ihrer Freunde erscheint.

1 Tippen Sie auf das Profilbild und *Foto hinzufügen* (iPhone) beziehungsweise das *Kamera*-Symbol neben dem Profilbild (Android), um ein Profilbild hinzuzufügen oder zu ändern.

2 Wählen Sie ein Bild aus der Galerie oder nehmen Sie ein Foto mit der Kamera auf, um das neue Profilbild auszuwählen, oder tippen Sie auf *Bild entfernen* (Android) oder *Foto löschen* (iPhone), wenn Sie kein Foto in Ihrem Profil hinterlegen wollen. Bei Ihrem neuen Profilbild müssen Sie noch den Bildausschnitt durch Verschieben der Markierung (Android) oder des Bilds (iPhone) festlegen. Auf Ihrem iPhone können Sie den Bildausschnitt zudem vergrößern, indem Sie das Foto mit zwei Fingern innerhalb der Markierung auseinanderziehen. Unter Android indes besteht die Möglichkeit, das Foto mithilfe des *Pfeil*-Symbols am unteren Bildrand zu drehen.

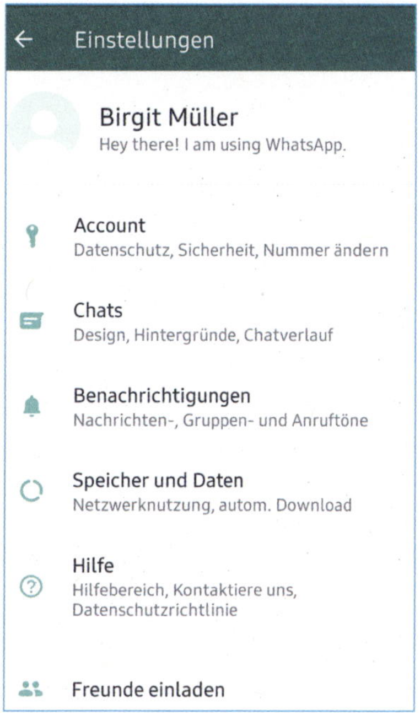

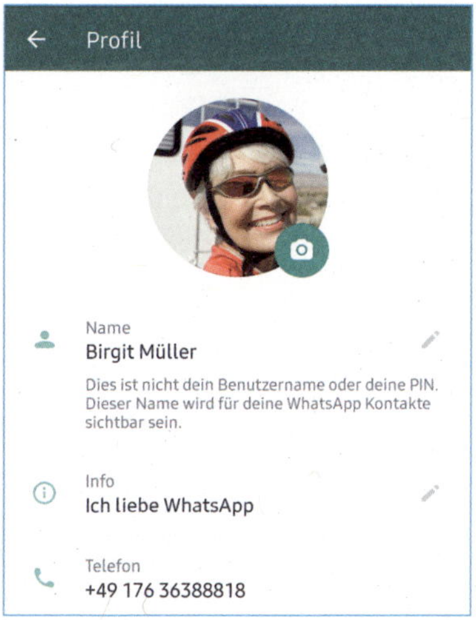

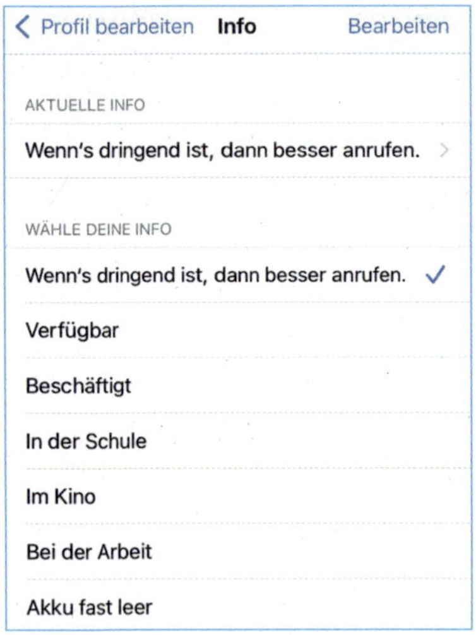

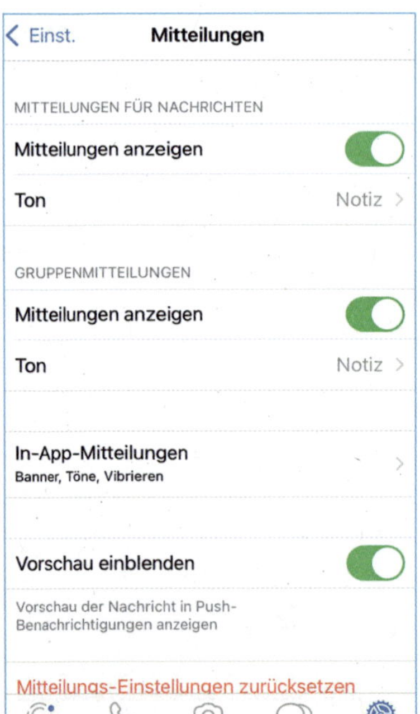

3 Ein Tippen auf *Auswählen/Fertig* schließt die Bearbeitung des Profilfotos ab.

Ihre Info bearbeiten – der kleine Text unter Ihrem Profilnamen

Ihre Info – voreingestellt ist „Hallo! Ich benutze WhatsApp“ – können Sie durch Antippen (bei Android das *Stift*-Symbol) beliebig ändern oder eine der vorgeschlagenen Infos wie „Verfügbar“ oder „Beschäftigt“ auswählen. Außerdem zeigt Ihnen das Profil an, welche Rufnummer Ihrem WhatsApp-Konto derzeit zugeordnet ist beziehungsweise welche Rufnummer die WhatsApp-Anwendung verifiziert hat.

Benachrichtigungseinstellungen bearbeiten auf dem iPhone

WhatsApp ermöglicht Ihnen eine Kommunikation in Echtzeit. Textnachrichten kommen – bis auf eine geringe zeitliche Verzögerung, die in erster Linie technische Gründe hat – sofort nach dem Verschicken auf dem Gerät des Empfängers an. Damit Sie nichts verpassen, benachrichtigt Sie Ihr Android-Smartphone oder iPhone über jede neue Nachricht oder jeden Anruf. Diese Mitteilungen (iPhone) beziehungsweise Benachrichtigungen (Android) können Sie ebenfalls in den Einstellungen der WhatsApp-App an Ihre Bedürfnisse anpassen.
Auf Ihrem iPhone legen Sie fest, ob Sie Benachrichtigungen für neue Chat-Nachrichten und für neue Gruppennachrichten erhalten wollen.

1 Tippen Sie auf den *Schieberegler*, um die Benachrichtigungen zu deaktivieren.
2 Tippen Sie auf *Ton*, um einen Signalton auszuwählen oder für Nachrichten und Gruppenchats unterschiedliche Töne festzulegen.

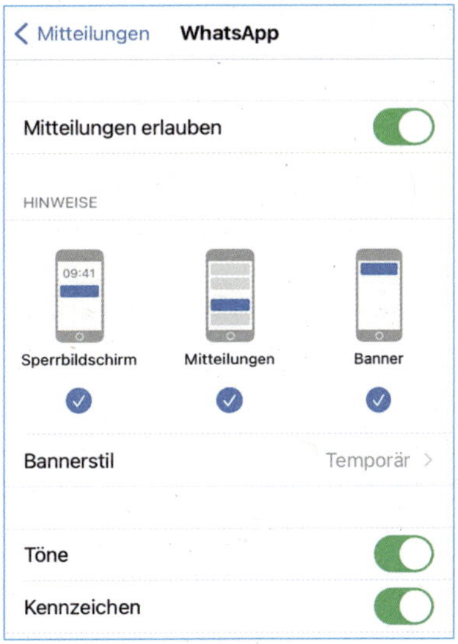

In-App-Mitteilungen informieren Sie auf dem iPhone über neue Chat- und Gruppennachrichten sowie Statusänderungen und Anrufe, während die App geöffnet ist. Es stehen Ihnen drei Optionen zur Verfügung:

❶ **Es werden keine Benachrichtigungen** angezeigt, wenn WhatsApp geöffnet ist.
❷ **Es wird ein Banner** am oberen Bildrand angezeigt, das automatisch nach wenigen Sekunden wieder verschwindet.
❸ **Es wird ein Hinweis** in Form eines Pop-up-Fensters angezeigt, mit dem Sie interagieren müssen, damit es verschwindet.

Darüber hinaus können Sie auch die Art der Benachrichtigung ändern, die Ihr iPhone einblendet, während WhatsApp geschlossen oder im Hintergrund aktiv ist beziehungsweise Sie eine andere App nutzen. Dazu müssen Sie die *Einstellungen-App* Ihres iPhones öffnen und den Punkt *Mitteilungen* aufrufen. Scrollen Sie anschließend nach unten und tippen Sie auf den Eintrag *WhatsApp*. Nun können Sie erneut festlegen, ob WhatsApp überhaupt Mitteilungen anzeigen darf, ob es zusätzlich einen Benachrichtigungston abspielt und ob im Symbol von WhatsApp ein Kennzeichenzähler mit der Anzahl der ungelesenen Nachrichten erscheint.

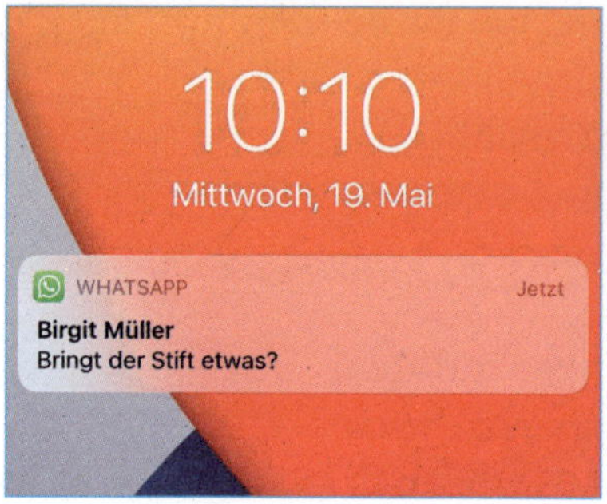

Außerdem können Sie sich Benachrichtigungen im Sperrbildschirm beziehungsweise als temporäres oder permanentes Banner anzeigen lassen. Letzteres erfordert wie der Hinweis bei den In-App-Mitteilungen eine Eingabe, damit es verschwindet.

Schließlich können Sie auch noch einstellen, ob Benachrichtigungen für WhatsApp eine Vorschau auf den Inhalt der Nachricht enthalten, die Vorschau nur bei entsperrtem Gerät angezeigt wird oder die Benachrichtigung stets ohne Vorschau erfolgt.

Info

iPhone und Widgets: Seit 2017 (ab iOS 11) unterstützen auch iPhones sogenannte Widgets. Sie werden auf dem Home-Bildschirm mit einer Wischgeste vom linken Rand nach rechts aufgerufen.

Scrollen Sie in der Widget-Ansicht ganz nach unten und tippen Sie auf *Bearbeiten* und dann auf *Anpassen*. Durch einen Tipp auf das grüne *Plus-Zeichen* können Sie das Widget für WhatsApp hinzufügen. Es zeigt Ihnen die häufigsten

Chat-Partner an und informiert auch mit einer Kennzahl über neue Nachrichten.
Tippen Sie auf eines der im Widget angezeigten Profilfotos, um den Chat mit dieser Person zu öffnen.
Zum Entfernen eines Widgets in der Widget-Liste scrollen Sie ganz nach unten, tippen auf *Bearbeiten*, *Anpassen* und dann auf das *Minus-Zeichen*.

Benachrichtigungen bearbeiten bei Android

Auf einem Android-Smartphone bietet Ihnen WhatsApp ebenfalls an, für Nachrichten und Gruppenbenachrichtigungen eigene Töne festzulegen. Während WhatsApp nicht aktiv ist, können Sie sich zudem eine Pop-up-Benachrichtigung anzeigen lassen, die immer erscheint oder nur, wenn der Bildschirm an oder aus ist (nur bis Android 9). Das Pop-up wiederum ermöglicht es Ihnen, direkt auf eine Nachricht zu antworten, ohne WhatsApp zu öffnen.

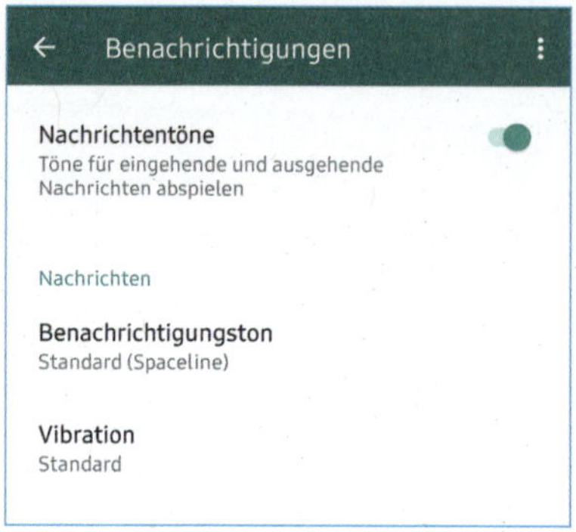

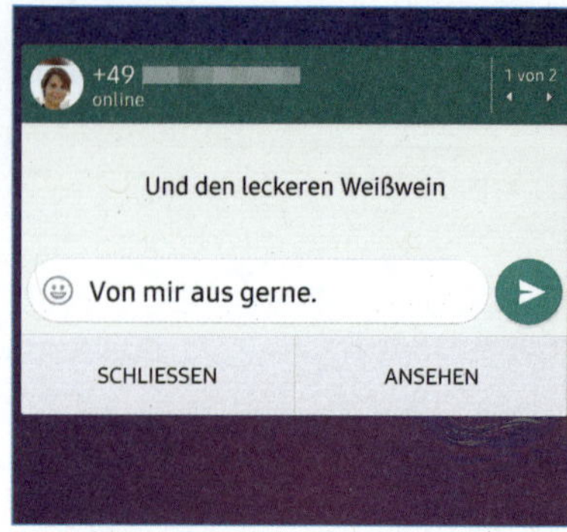

Darüber hinaus können Sie festlegen, ob Ihr Gerät beim Eingang einer Nachricht vibriert. Falls Sie nämlich Ihr Gerät „stumm stellen", also Klingel- und Signaltöne abschalten, können Sie den Vibrationsalarm in der Regel aktiv lassen, um trotzdem keine neue Nachricht zu verpassen. Unter Android haben Sie zudem die Möglichkeit, ein unterschiedliches Vibrationsmuster für Nachrichten und Gruppenbenachrichtigungen einzustellen – auf dem iPhone lässt sich unter *In-App-Mitteilungen* die Vibration lediglich ein- oder ausschalten.

→ Androids Benachrichtigungs-LED

Apple verzichtete beim iPhone seit jeher auf blinkende LEDs, diese Benachrichtigungsform am oberen Gehäuserand ist Android-Smartphones vorbehalten. Bei einigen Modellen können sie sogar die Farbe der LED einstellen. Im Zuge immer schmaler werdender Displayränder fällt die LED aber auch bei modernen Android-Smartphones weg. Statt dessen setzt Android auf ein kleines rundes Symbol am eigentlich App-Icon, um Sie auf neue Nachrichten für diese App hinzuweisen.

Weitere Konfigurationsmöglichkeiten bietet die *Einstellungen-App* von Android. Öffnen Sie den Eintrag *Apps* und scrollen Sie nach unten, um Einstellungen für die WhatsApp-Anwendung vorzunehmen. Hier können Sie unter dem Punkt *Benachrichtigungen* diese generell zulassen oder verbieten.

Info

Android und Widgets: Tippen und halten Sie den Finger auf den Startbildschirm, bis eine neue Ansicht erscheint. Unter Widgets finden Sie die Gesamtübersicht. Wischen Sie mehrmals nach links und tippen Sie auf *WhatsApp*. Hier verstecken sich drei verschiedene Widgets für die App. Oben sehen Sie die Abmessungen, die das jeweilige Widget auf Ihrem Bildschirm einnehmen würde.

- Das Widget *WhatsApp* zeigt auf dem Home-Bildschirm ungelesene Nachrichten an. Ein Tippen auf diese öffnet direkt den Chat. Tippt man stattdessen auf die Titelleiste des Widgets, öffnet sich die Chat-Übersicht.
- *WhatsApp Chat* erlaubt es, WhatsApp-Kontakte auf dem Home-Bildschirm zu hinterlegen, um von dort aus mit einem Klick eine neue Nachricht an diese Person zu verschicken.
- Das dritte Widget namens *WhatsApp Kamera* öffnet ohne Umwege die Kamera, um ein Foto oder ein Video zu verschicken.

Tippen und halten Sie ein Widget und platzieren Sie es auf dem Startbildschirm. Zum Entfernen: *tippen > halten > Papierkorb*.

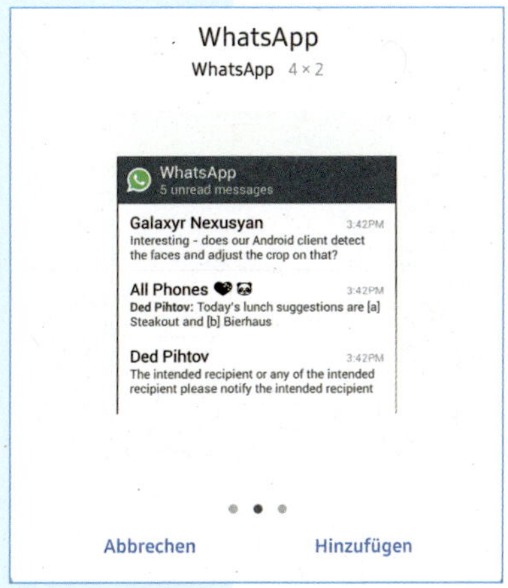

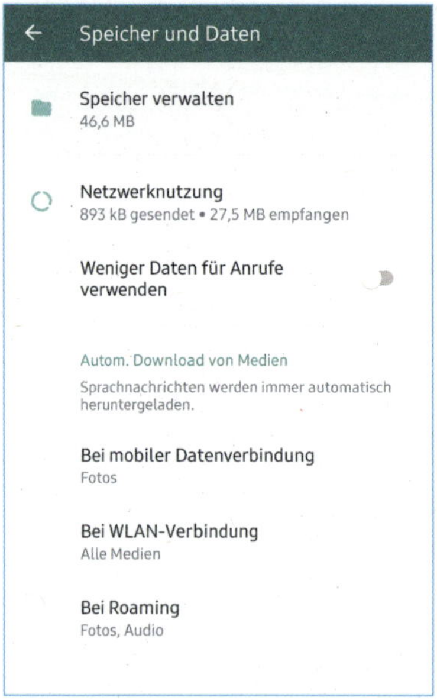

Datennutzung konfigurieren

Da WhatsApp ausschließlich über das Internet kommuniziert, belastet die App Ihr Datenvolumen. Bei Mobilfunkverträgen ohne Internetoption funktioniert WhatsApp zwar, Sie zahlen aber viel Geld für jedes MB. Das wird schnell zur Kostenfalle.

Wenn Sie einen Mobilvertrag mit Internetoption haben, kommt es auf die Konditionen an. Wer nur über ein geringes Datenvolumen verfügt, sollte den automatischen Download über das Mobilfunknetz auf Fotos beschränken und Audio-, Video- und andere Dateien nur per WLAN laden. Chats, Sprachanrufe und die meisten Fotos fallen praktisch nicht ins Gewicht. Haben Sie monatlich mehrere GB zur Verfügung, sind auch Videos per Mobilfunk kein Problem.

- **Unter Android:** Nach einem Tippen auf *Speicher und Daten* legen Sie unter Android fest, welche Daten bei einer bestehenden mobilen Datenverbindung automatisch heruntergeladen werden: Fotos, Audio, Videos und Dokumente.
- **Auf dem iPhone:** Stellen Sie ein, ob Sie eine der genannten Kategorien nur per *WLAN*, per *WLAN und mobile Daten* oder *Niemals* automatisch herunterladen wollen.

Keine Roaminggebühren innerhalb der EU

Seit Juni 2017 zahlen Sie EU-weit keine Roaming-Gebühren mehr. Achten Sie aber darauf, dass etwa die Schweiz oder Norwegen nicht dazugehören. Unter Android lässt sich auswählen, ob Dateien auch bei aktivem Roaming heruntergeladen werden. Beschäftigen Sie sich vorab immer mit den Internetnutzungsgebühren im Ausland.

Welche Berechtigungen hat WhatsApp?

Sie werden es inzwischen bemerkt haben: WhatsApp gönnt sich so einige Berechtigungen, um optimal funktionieren zu können.

▶ **Für Android** finden Sie eine vollständige Übersicht über alle Berechtigungen im Google Play Store. Rufen Sie dort WhatsApp auf, tippen Sie auf *Über diese App* und scrollen ganz nach unten. Dort tippen Sie unter App-*Berechtigungen* auf *Weitere Informationen*.

▶ **Auf dem iPhone** gehen Sie in die *Einstellungen* und wählen den Eintrag *WhatsApp* aus.

Sollte man WhatsApp überhaupt nutzen?

▶ **Ja:** Die App steht unter genauer Beobachtung der Behörden und Kartellwächter der EU. Datenmissbrauch hätte für den Mutterkonzern Facebook erhebliche Konsequenzen. Auch das Vertrauen der Nutzerinnen und Nutzer will der Konzern nicht verlieren.

Zudem können Sie der App sowohl unter Android als auch auf dem iPhone gezielt Berechtigungen wieder entziehen (siehe „App-Berechtigungen auf dem Smartphone …“, S. 88).

▶ **Aber:** Seien Sie sich darüber im Klaren, dass WhatsApp bzw. der Mutterkonzern Facebook nur Geld verdienen kann, indem er die Daten seiner Nutzerinnen und Nutzer beispielsweise zu Werbezwecken oder für anderweitige Analysen verwendet (siehe daher „Sechs eigene Vorkehrungen für mehr Datenschutz“, S. 106).

Alle wichtigen WhatsApp-Funktionen

WhatsApp ist viel mehr als nur ein kostenloser SMS-Ersatz. Verschicken Sie doch mal Sprachnachrichten und Fotos oder verfassen Sie Statusmeldungen für Ihre Freunde. Oder wie wäre es mit einem Gruppen-Videochat, um Freundschaften zu pflegen. Werfen Sie einen Blick in dieses Kapitel und finden Sie heraus, was die App noch alles kann.

Die erste Chat-Nachricht

WhatsApp fasst alle Nachrichten, die Sie mit einer Person austauschen, zu einem Chat zusammen. Der Tab *Chat* in der App bietet Ihnen eine Übersicht aller offenen Chats. Tippen Sie nun auf das *grüne* Symbol unten rechts (für Android) bzw. auf das *Stift*-Symbol oben rechts (auf dem iPhone), um eine neue Nachricht zu schreiben.

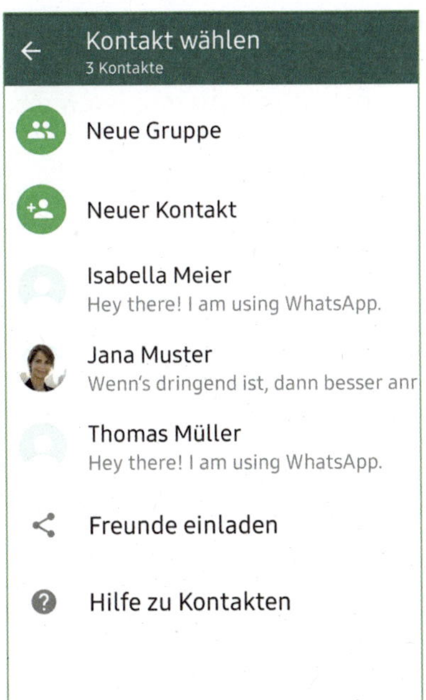

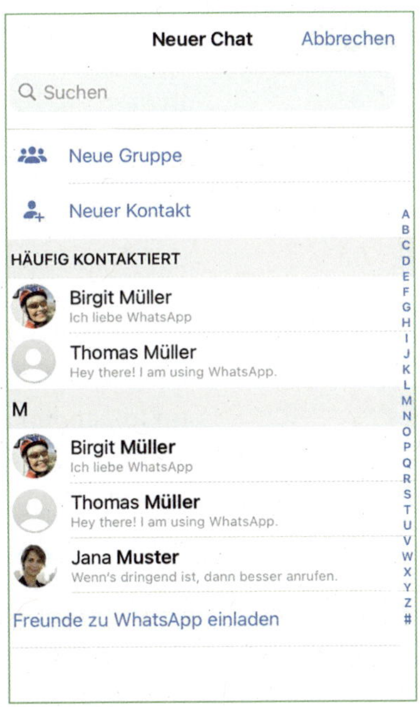

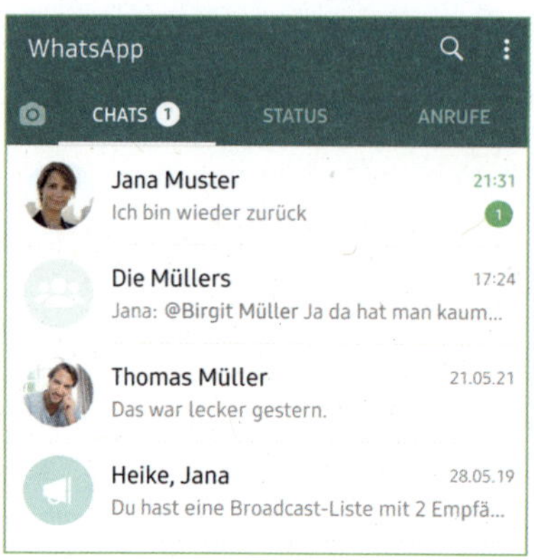

1 Wählen Sie durch Antippen den Kontakt aus, dem Sie eine Nachricht schreiben wollen.

2 Es öffnet sich das Chat-Fenster des Kontakts, in dem Sie später auch alle vorhandenen Nachrichten sehen.

3 Tippen Sie in das Textfeld – eine Tastatur erscheint. Geben Sie Ihre Nachricht ein. Sie können den Text auch etwas formatieren und etwa einzelne Worte fetten (siehe „Formatierung von Texten", S. 77). Ebenso können Sie aus einer Vielzahl von Smileys und Emojis auswählen – mehr dazu im folgenden Abschnitt (siehe ab S. 33).

4 Ist die Nachricht so, wie Sie sie haben wollen? Zum Verschicken tippen Sie auf das *grüne* (Android) oder *blaue* (iPhone), pfeilartige *Senden*-Symbol rechts neben dem Eingabefeld.

5 Die gesendete Nachricht erscheint nun im Chat-Verlauf. Ihre Nachrichten sind grün, die des oder der anderen sind weiß.

Sobald Sie einmal mit einem Kontakt einen Chat begonnen haben, finden Sie dieses Gespräch auch in der Chat-Übersicht. Der Chat mit den neuesten Nachrichten rutscht immer automatisch nach oben.

Sie können in der Übersicht direkt auf einen Chat tippen, um dieser Person eine weitere Nachricht zu schicken – auch Tage oder Wochen später. Sollte bei der Gelegenheit die Tastatur nicht automatisch eingeblendet werden, reicht ein Tippen in das Eingabefeld am unteren Bildrand.

Den richtigen Kontakt finden per Suchfunktion

Obwohl Sie neu bei WhatsApp sind, besitzen viele Ihrer Freunde und Bekannten die App vermutlich bereits. Wenn die App bei der Installation Ihr Telefonbuch auslesen durfte, könnte Ihr WhatsApp-Adressbuch von Anfang an gut gefüllt sein. Daher geht es manchmal schneller, die Person, der Sie eigentlich schreiben wollten, per Suchfunktion aufzurufen, anstatt die lange alphabetische Liste im Adressbuch zu durchforsten.

Die Suche finden Sie im *Suchfeld* (iPhone: über dem Chatverlauf) oder über das *Lupen*-Symbol (Android: oben rechts). Tippen Sie die

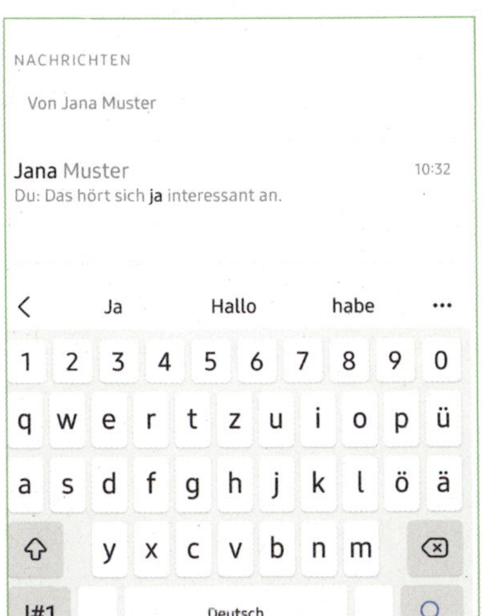

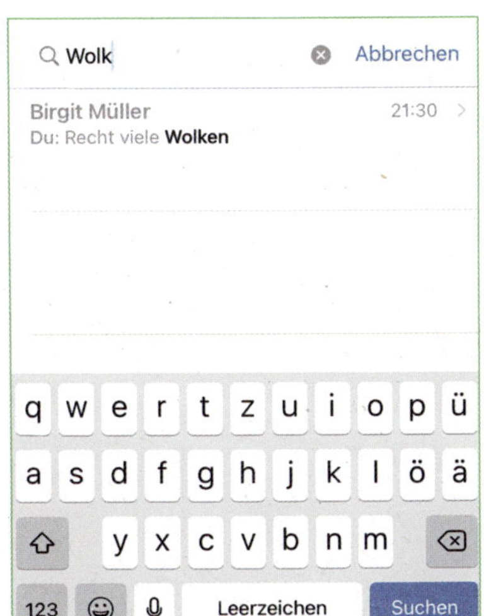

ersten Buchstaben des Namens ein – etwa „Jan" – und falls vorhanden, tauchen Kontakte wie Jan, Jana oder Jannis auf.
Alternativ können Sie aber auch nach einem Wort suchen, das in einem Chat benutzt wurde – falls Sie also nur noch wissen, dass Ihnen ein WhatsApp-Kontakt etwa ein Rezept für Blaubeerkuchen angeboten hat, aber eben nicht, welcher.

Den richtigen Kontakt finden über das eigene Adressbuch

Den richtigen Kontakt finden Sie auch über das eigene Adressbuch. WhatsApp integriert sich in das Adressbuch Ihres Smartphones, sodass Sie auch von dort aus eine WhatsApp-Nachricht verschicken können. Rufen Sie einen Kontakt auf:

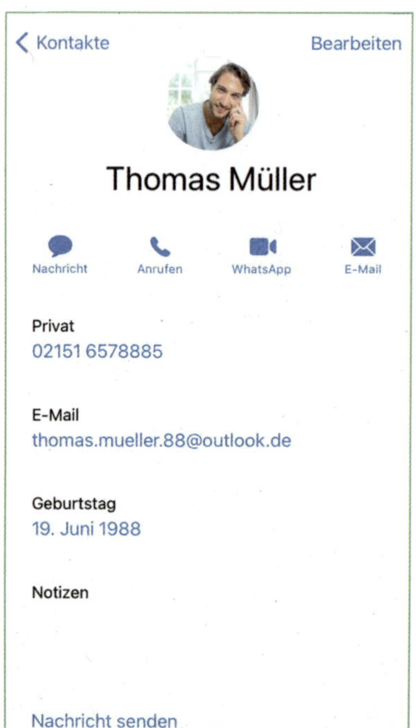

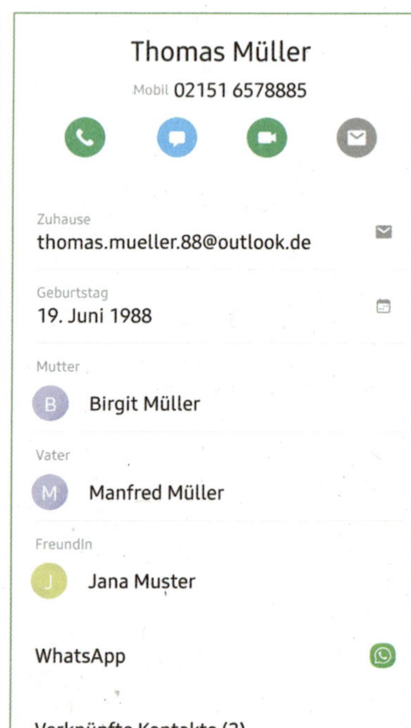

- Tippen Sie auf Ihrem iPhone auf einen Kontakt, um diesen zu öffnen, und dann auf *WhatsApp*, um eine Chat-Nachricht zu verschicken.
- Oder Sie tippen auf das *Kamera*-Symbol und dann auf WhatsApp, um einen Videochat zu starten.
- Auf Ihrem Android-Gerät öffnen Sie ebenfalls den Kontakt und scrollen nach unten, um eine Nachricht zu schicken oder einen Sprach- oder Videoanruf zu starten.

Emojis, Dateien, Fotos und Sprachnachrichten versenden

Nun kommen die Funktionen, die WhatsApp zu einem Multitalent im Bereich Kommunikation machen. Moderne Chat-Nachrichten enthalten schließlich nicht nur Text, sondern auch Fotos, Videos, beliebige Dateien, Sprachnachrichten und natürlich Emojis. Die zugehörigen Bedienelemente finden Sie im Bereich der Tastatur beziehungsweise des Eingabefelds.

- **Auf Ihrem Android-Smartphone** befindet sich links des Eingabefelds das Smiley-Symbol für die Emojis und rechts davon die *Büroklammer* zum Hinzufügen von Dateien, das (stilisierte) *Kamera*-Symbol für Fotos und Videos und das *Mikrofon* für Sprachnachrichten. Sobald Sie auf das *Smiley*-Symbol tippen, sehen Sie am unteren Bildrand zusätzlich Symbole für animierte *GIFs* und rechts davon *Sticker*.
- **Apples iPhone** zeigt links vom Eingabefeld ein *Plus*-Zeichen für das Hinzufügen von Dateien an und rechts ein Symbol für *Sticker* und animierte *GIFs*, *Kamera* und *Mikrofon*. Das *Emoji*-Symbol

für Smileys findet sich in der untersten Reihe der Tastatur. Im Folgenden werden die Funktionen einzeln erklärt.

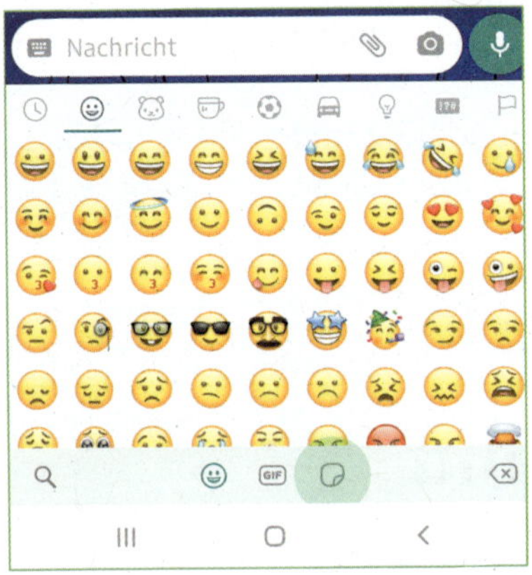

Emoticons, Smileys und Emojis

Genau genommen werden textbasierte Smileys wie :-) Emoticon genannt. Smileys wiederum sind die fröhlichen gelben, runden Gesichter.

Emojis stellen die Weiterentwicklung dar und erlauben etwa die Anpassung der Haar- und Hautfarbe. Mithilfe kleiner Äffchen, Handzeichen bis hin zu Landesflaggen können alle möglichen Sachverhalte ausgedrückt werden – vorausgesetzt, man versteht, was gemeint ist (siehe „Emoji-Knigge“, S. 83).

Groß im Kommen sind animierte, also sich bewegende Emojis, deren Lippenbewegungen mit dem Gesicht vor der Frontkamera synchron laufen. Aber keine Sorge, auch :-) funktioniert nach wie vor.

Emojis versenden

Tippen Sie auf das *Smiley*-Symbol, um sich eine Auswahl an Emojis anzeigen zu lassen. Wischen Sie nach links und rechts, um weitere Emojis einzublenden.

Auf Ihrem iPhone werden unterhalb, auf Android-Geräten oberhalb der Emojis Symbole für verschiedene Kategorien angezeigt:

- **Oft benutzt,** sortiert nach zuletzt verwendet
- **Smileys** und Personen
- **Tiere** und Natur
- **Essen** und Trinken
- **Sport** und Hobby
- **Reisen** und Verkehr

- **Objekte** und Icons
- **Symbole** und Zeichen
- **Flaggen** und Fahnen

Während die Kategorien unter iOS auf dem iPhone und Android identisch sind, variiert das Aussehen der Emojis leicht. Ältere Betriebssystemversionen haben unter Umständen andere oder auch weniger Emojis im Angebot.
Ein Tippen auf ein Emoji fügt es an der Stelle ein, wo der Cursor blinkt. Sie können auch mehrere Emojis nacheinander einfügen oder Ihren Nachrichtentext an mehreren Stellen mit Emojis spicken – Ihrer Kreativität sind praktisch keine Grenzen gesetzt. Ganz unten rechts befindet sich die *Löschen*-Taste, die das Emoji links vom blinkenden Cursor wieder entfernt.
Tippen Sie auf *ABC* (iPhone unten links) beziehungsweise das *Tastatur*-Symbol (Android, links vom Eingabefeld), um zur Tastatur zurückzukehren.

Animierte GIFs und Sticker versenden

Sie können auch von WhatsApp mitgelieferte Bildchen versenden.

- **GIFs** sind animierte Bilder, die eine kurze Filmsequenz oder Animation endlos wiedergeben. Auch hier erfolgt die Auswahl durch Antippen. GIFs werden nicht in den Nachrichtentext eingefügt, sondern als separate Nachricht verschickt, der Sie wiederum einen Text beifügen können – selbstverständlich auch mit Emojis.
- **Sticker** sind größer als Emojis. Sie können sie im Stickerbereich wie Emojis verwenden und weitere Themenpakete herunterladen – falls Sie etwa einen comicartigen Dino oder ein Hündchen in den verschiedensten Situationen mögen.

Verschicken von Dateien

Wenn Sie eine Datei verschicken wollen, können Sie zwischen *Dokumenten*, gespeicherten *Fotos* und *Videos*, *Kontakten* und Ihrem *aktuellen Standort* wählen. Auch die *Kamera* wird als Option angeboten.
Nehmen wir an, Sie haben von der Website Ihres Lieblingsrestaurants die Speisekarte als PDF heruntergeladen und wollen sie per WhatsApp verschicken.

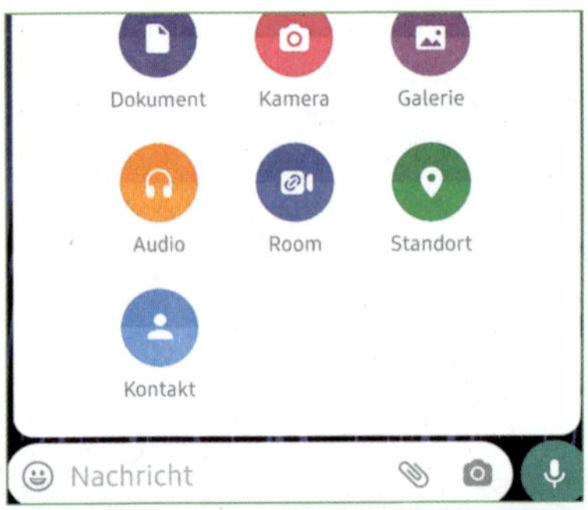

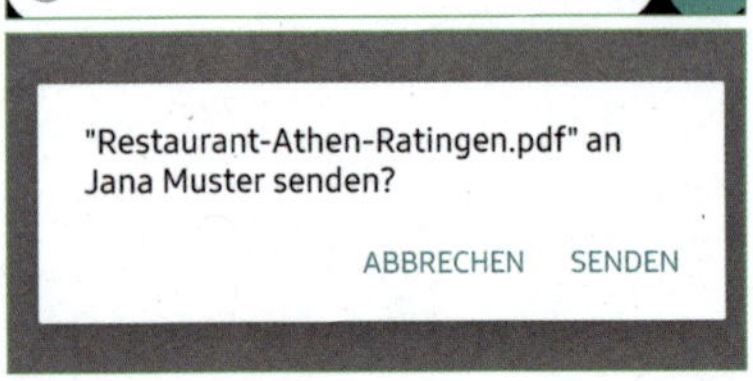

Verschicken von Dateien per Android-Smartphone

1 Tippen Sie auf das *Büroklammer*-Symbol.
2 Wählen Sie nun *Dokument*.
3 Wenn die gesuchte Datei nicht unter den zuletzt verwendeten Dokumenten angezeigt wird, müssen Sie oben auf Andere Dokumente durchsuchen und dort wiederum auf das *Menü*-Symbol (*drei Balken*) oben links tippen und *Downloads* wählen, da Android hier automatisch alle heruntergeladenen Dateien speichert.
4 Wählen Sie das gewünschte Dokument aus und bestätigen Sie, dass Sie es an den Empfänger versenden wollen. Die Datei wird nun als separate Nachricht verschickt.

Verschicken von Dateien per iPhone

1 Tippen Sie auf das *Plus*-Zeichen.
2 Wählen Sie *Dokument*.
3 Nun bewegen Sie sich in der Dateien-App. Die gesuchte Datei finden Sie entweder im Verlauf oder nach einem Tippen auf *Durchsuchen*.
4 Eventuell müssen Sie den Speicherort wechseln. Dafür tippen Sie im Tab *Durchsuchen* oben

links auf *Zurück*, was Sie nicht zurück zu WhatsApp bringt, sondern zur Auswahl des Speicherorts. Standardmäßig steht Ihnen dort Apples Onlinespeicher iCloud zur Verfügung sowie jeder andere Speicherort, der Ihnen zuvor bei der Speicherung einer heruntergeladenen Datei angeboten wurde.

5 Wählen Sie nun die Datei aus, die Sie verschicken wollen, und bestätigen Sie den *Senden-Dialog*. Auch hier wird die Datei separat zu Ihrer Nachricht verschickt.

Wo liegt die zu versendende Datei?

Für den Versand von Dateien greift WhatsApp auf die Mechanismen zurück, die das jeweilige Betriebssystem bietet.
Android legt Dateien in der Regel im Verzeichnis *Downloads* ab. iPhones hingegen speichern Dateien meist lokal in einer App oder auf Apples Onlinespeicher iCloud. Letzteres ist für iPhone-Nutzer eine gute Wahl, da sie auch von beliebigen anderen Geräten wie beispielsweise Windows-PCs aus auf iCloud zugreifen können.

Versenden von Fotos und Videos

Ähnlich funktioniert auch der Versand von Fotos oder Videos. Wählen Sie *Büroklammer > Galerie* (auf dem Android) bzw. *Plus*-Zeichen *> Foto- und Videomediathek* (für das iPhone).
Nachdem Sie ein Foto durch Antippen ausgewählt haben, können Sie es vor dem Versand über die Symbolleiste am oberen Bildrand bearbeiten. Die Symbole von rechts nach links:

- Mit dem *Stift*-Symbol fügen Sie freihändig farbige Markierungen hinzu – auch hier lässt sich die Farbe ändern.
- Per *T*-Symbol fügen Sie farbigen Text ein.
- Das *Smiley*-Symbol fügt ein Emoji ein, das Sie anschließend mit dem Finger frei platzieren und mit der Zwei-Finger-Geste (kneifen oder spreizen) vergrößern, verkleinern und drehen können.

▶ Über das *Zuschneiden*-Symbol können Sie das Foto drehen und in der Größe verändern.
▶ Der *geschwungene Pfeil* macht Ihre letzte Aktion wieder rückgängig.

Haben Sie ein Video ausgewählt, finden Sie unterhalb der Symbolleiste eine Vorschau, mit deren Hilfe Sie das Video zuschneiden können, um nur einen Ausschnitt daraus zu verschicken.

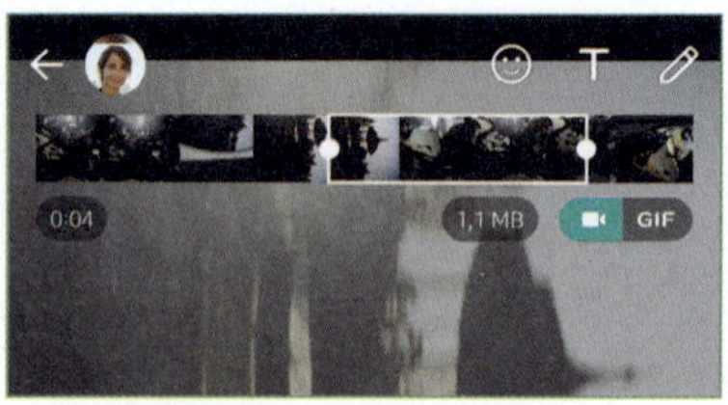

1 Verschieben Sie dazu die Punktmarkierungen nach links oder rechts. Nur der Bereich innerhalb der Markierung kommt später beim Empfänger an.
2 Zudem können Sie das Video in eine GIF-Datei umwandeln. Tippen Sie dafür einfach auf GIF. GIF-Dateien sind normalerweise kleiner, belasten folglich Ihr Datenvolumen weniger, dafür bieten sie eine schlechtere Bildqualität.
Übrigens: Ein eigenes Video aufnehmen können Sie in dieser Option nicht. Dies geht in der Kamerafunktion von WhatsApp (siehe „Foto- und Videomaterial bearbeiten", S. 57).

1 Falls Sie weitere Fotos oder Videos verschicken wollen, tippen Sie einfach auf das *Plus*-Symbol links vom Eingabefeld für die Beschriftung. Es öffnet sich die Galerie, in der Sie weitere Dateien auswählen können.
2 Alle zu verschickenden Dateien sehen Sie nun am unteren Bildrand. Tippen Sie auf ein Bild oder Video, um es zu bearbeiten. Das *Papierkorb*-Icon in der Symbolleiste entfernt das aktuell ausgewählte Objekt wieder.
3 Fügen Sie zum Schluss noch über das Textfeld am unteren Bildrand eine optionale Beschriftung hinzu. Sie können natürlich jedes Foto oder Video mit einer eigenen Beschriftung versehen – verschieben Sie dazu die Fotos einfach mit dem Finger per horizontaler Wischgeste.

4 Das *Senden*-Symbol schließt die Bearbeitung ab und verschickt alles Fotos und Videos.

Kontaktinformationen per WhatsApp versenden

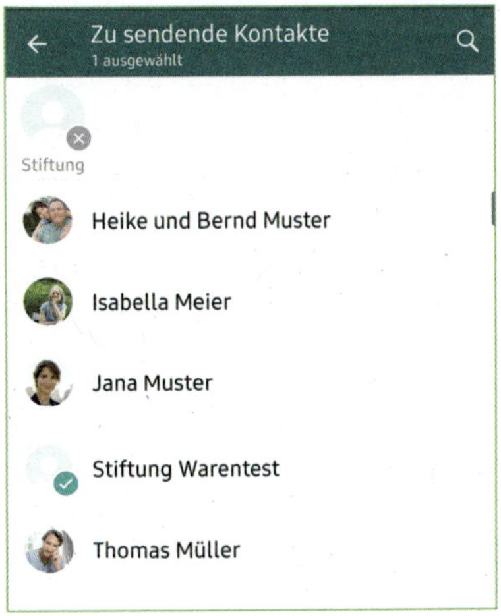

Wollen Sie einen Kontakt aus Ihrem Adressbuch weiterleiten, gehen Sie in den Chat der Person, an die der Kontakt gehen soll.

1 Tippen Sie auf das *Büroklammer*-Symbol *> Kontakt*. Wählen Sie einen (oder mehrere) Kontakte aus.

2 Ihre Auswahl schließen Sie durch Antippen des *Pfeils* unten links (Android) bzw. auf *Fertig* (iPhone) ab.

3 Vor dem Versand müssen Sie Ihre Auswahl erneut bestätigen.

Den eigenen aktuellen Standort senden

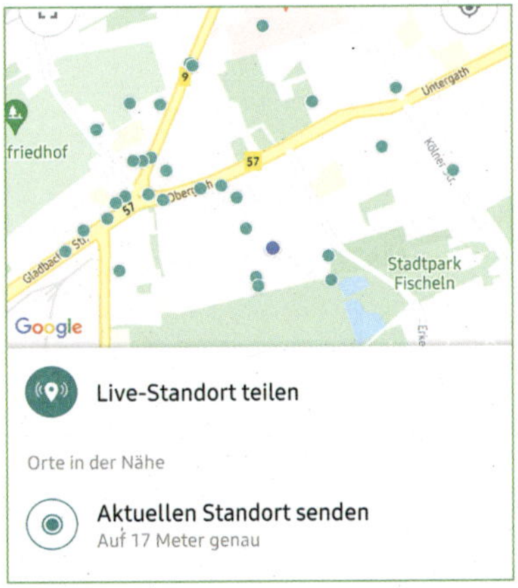

Wie lange dauert eigentlich dieses „gleich", wenn jemand „gleich da" ist? Über das *Büroklammer-* (Android) beziehungsweise *Plus*-Symbol (iPhone) können Sie Ihren aktuellen Standort teilen. Dann kann sich Ihr Gegenüber ein genaues Bild davon machen, wo Sie sind oder wie lange Sie noch brauchen werden.

Falls WhatsApp vorher noch nicht auf Ihren Standort zugegriffen hat, fragt die App nun einmalig nach der zugehörigen Berechtigung. Bestätigen Sie den Zugriff, damit WhatsApp den Standort ermitteln und auf einer Karte anzeigen kann. Näheres zu Berechtigungen lesen Sie auf S. 88.

Um den Standort mitzuteilen, müssen Sie noch auf die Schaltfläche *Aktuellen Standort senden* tippen.

Der Live-Standort

Alternativ können Sie auch Ihren Live-Standort teilen. Statt Ihre Position nur einmalig für den aktuellen Ort freizugeben, aktualisiert WhatsApp die Standortinformationen kontinuierlich in der Karten-App des Empfängers.

Legen Sie fest, über welchen Zeitraum der Empfänger Ihre Bewegungen verfolgen kann, und tippen Sie auf das *Senden*-Symbol, um den Live-Standort zu teilen.

In Ihrem Chat-Verlauf können Sie anschließend sehen, bis wann Ihr Standort freigegeben ist. Tippen Sie auf *Teilen beenden*, um die Übermittlung von Positionsdaten an den ausgewählten Kontakt zu beenden.

Aus Datenschutzgründen, aber auch aus Sicht Ihres Datenvolumens ist diese Option jedoch bedenklich.

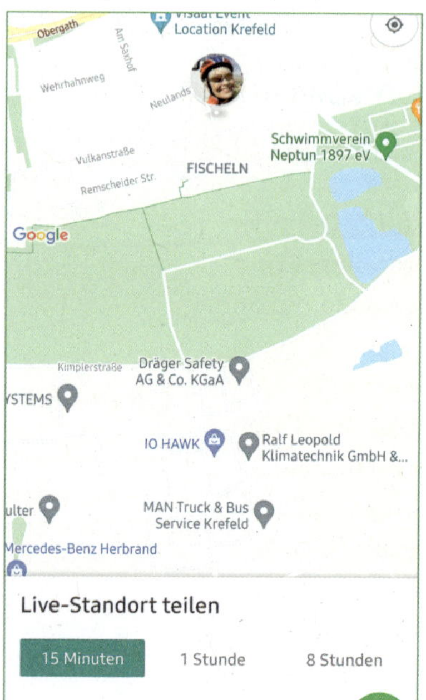

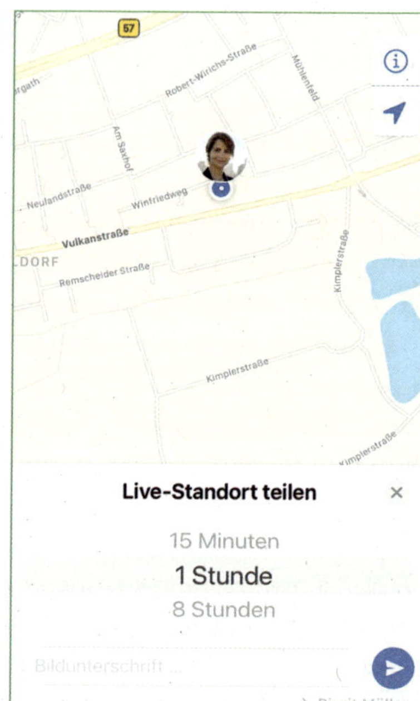

Erhaltenen aktuellen Standort öffnen

Falls jemand seinen Standort mit Ihnen teilt, müssen Sie lediglich auf das Kartenvorschaubild in Ihrem Chat-Verlauf tippen. Anschließend öffnet sich die voreingestellte Kartenanwendung auf Ihrem Smartphone und zeigt Ihnen den Standort Ihres Kontakts an.

Wurde ein Live-Standort mit Ihnen geteilt, erscheint dies als Nachricht in Ihrem Chat-Verlauf. Tippen Sie auf *Live-Standort ansehen*, um Ihre Karten-App zu öffnen. Hier können Sie nun nachvollziehen, welchen Weg die Person benutzt, um ihr beispielsweise zu helfen, eine Straßensperrung zu umfahren, die eine Navigations-App nicht kennt.

Standortinformationen können Sie übrigens nicht anfordern, um jemanden zu überwachen – sie müssen stets vom jeweiligen Kontakt für Sie freigegeben werden.

Versenden von Sprachnachrichten

Statt Textnachrichten können Sie Ihren Kontakten auch Sprachnachrichten zukommen lassen. Eine Audiobotschaft fühlt sich ein bisschen so an, als spräche man auf einen Anrufbeantworter. Aber sprechen geht eben schneller als tippen. Der Empfänger kann Ihre Aufzeichnung immer wieder anhören. Das klappt in Chats mit einem einzelnen Kontakt genauso wie im Gruppenchat. Egal, ob Sie einen neuen Chat starten oder einem vorhandenen Chat eine weitere Nachricht hinzufügen wollen, neben dem Eingabefeld wird immer ein *Mikrofon*-Symbol angezeigt.

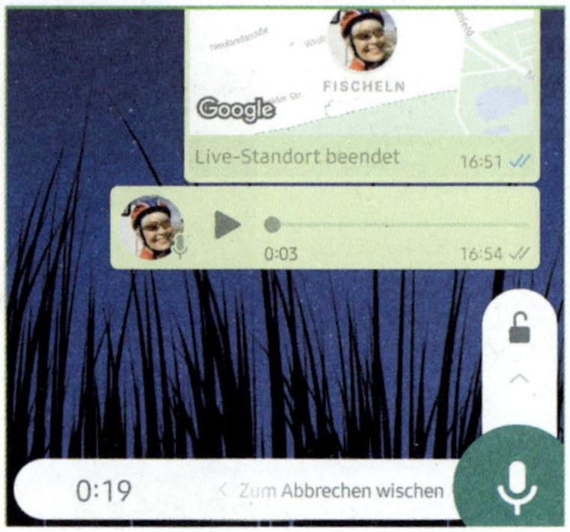

1 Um eine Aufnahme zu starten, müssen Sie das Mikrofon lediglich antippen und halten.

2 Sprechen Sie nun Ihre Sprachnachricht in den unteren Teil Ihres Telefons.

3 Die Aufnahme wird beendet, sobald Sie den Finger anheben – und im selben Moment wird die Nachricht auch schon verschickt.

4 Oder Sie schieben das *Aufnahme*-Symbol mit dem Finger nach oben in Richtung des geöffneten Schlosses. Sobald sich das Schloss schließt, ist die Aufnahmetaste eingerastet, sprich, Sie können sie loslassen, während Sie sprechen. Zum Senden müssen Sie dann nochmals auf das *Senden*-Symbol tippen.

Die Sprachnachricht erscheint nach dem Versand im Chat-Verlauf, dort können Sie sie abspielen. Es gibt keine Möglichkeit, sich die Aufnahme vor dem Versand noch einmal anzuhören. Allerdings lässt sich die Aufnahme während des Aufnehmens abbrechen und dadurch wird auch die Verschickung widerrufen:

Unter Android wischen Sie mit dem noch immer gedrückten Finger vom *Mikrofon*-Symbol einfach nach links, bis das Mikrofon am linken Bildrand im Papierkorb verschwindet.
Auf dem iPhone tippen Sie auf *Abbrechen*.
Ebenfalls können Sie eine bereits abgeschickte WhatsApp-Nachricht für kurze Zeit noch „zurückholen", also für alle im Chat löschen (siehe „Einzelne Nachrichten bearbeiten", S. 47).

Die Chat-Übersicht: Grundlegende Symbole

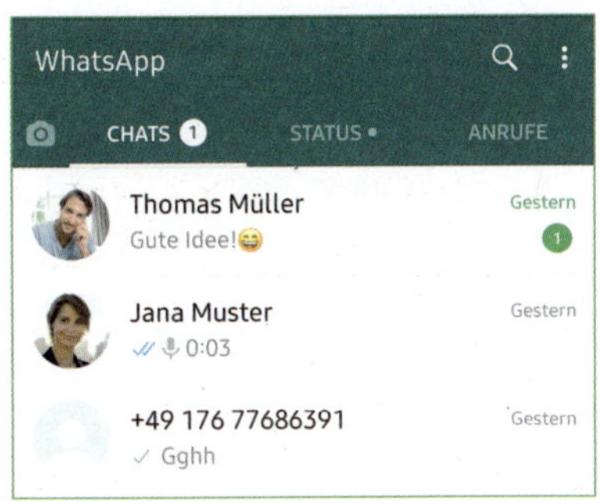

Inzwischen haben Sie schon den einen oder anderen Chat geführt und ein paar Nachrichten gesendet und erhalten. In Ihrer Chat-Übersicht sollten die ersten Chats mit Freunden und Bekannten zu finden sein.
Das WhatsApp-Startfenster mit der Chat-Übersicht ist nun gespickt mit verschiedenen kleinen Symbolen. Sie werden Ihnen immer wieder begegnen; hier folgt eine kurze Erklärung.

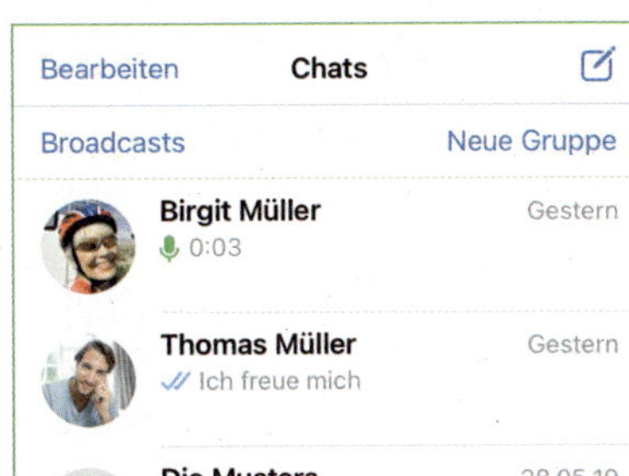

Profilbilder und Namen

Die Bilder haben die jeweiligen Kontakte für sich gewählt, Namen werden so angezeigt, wie Sie den Kontakt in Ihrem Adressbuch gespeichert haben.

Der Datumsstempel

Zu jedem Eintrag werden Ihnen neben dem Profilfoto und dem Namen des Kontakts auch Datum

und/oder Uhrzeit der letzten Nachricht sowie eine Vorschau der letzten Nachricht angezeigt.
Letzteres kann der Beginn des Nachrichtentexts sein oder der Name einer Datei, die Ihnen zugeschickt wurde.

Text und kleine Zahlen am rechten Rand

Unter dem Namen steht immer der Anfang der neuen Nachricht. Falls Sie neue Nachrichten im Chat empfangen, aber noch nicht gelesen haben, wird Ihnen in der Chat-Übersicht die Zahl der ungelesenen Nachrichten pro Chat unter Android grün angezeigt. Auch Uhrzeit oder Datum des Chats sind dann grün eingefärbt.
Auf iPhones sind die Markierungen blau und nicht grün – hier hat Apples eigene Farbgebung Vorrang.

Kleine Häkchen und die Lesebestätigung

Links neben der Vorschau werden ein oder zwei Häkchen angezeigt, falls es sich um eine von Ihnen verschickte Nachricht handelt.

- **Einzelnes graues Häkchen:** Bedeutet, dass die Nachricht erfolgreich versandt wurde.
- **Zwei graue Häkchen:** Die Nachricht hat das Telefon des Empfängers erreicht (wurde aber noch nicht gelesen).
- **Zwei blaue Häkchen:** Der Empfänger hat die Nachricht gelesen (oder die verschickte Datei geöffnet).

Die Ausnahme: In den Einstellungen können Sie unterbinden, dass Ihr WhatsApp eine Lesebestätigung schickt. Dann werden Ihrem Gegenüber keine blauen Häkchen mehr angezeigt (siehe „Lesebestätigung deaktivieren", S. 110).

Optionen zur Chat-Verwaltung

Außerdem bietet Ihnen WhatsApp verschiedene Optionen, um Chats zu verwalten, auf Nachrichten zu antworten oder Benachrichtigungen für bestimmte Chats zu deaktivieren. Da diese zwischen Android und iPhone jedoch recht unterschiedlich umgesetzt sind, werden sie anschließend in jeweils separaten Kapiteln besprochen.

Chats verwalten unter Android

Unter Android aktivieren Sie die Optionen, indem Sie in der Übersicht auf einen Chat tippen und halten. Anschließend öffnet sich am oberen Bildrand eine neue Symbolleiste. Zudem ist der Chat, auf den Sie getippt haben, mit einem Häkchen markiert und etwas dunkler unterlegt. Wollen Sie mehrere Chats gleichzeitig bearbeiten, tippen Sie anschließend einfach auf einen weiteren Chat, um diesen ebenfalls zu bearbeiten. In der oberen Leiste sehen Sie die Zahl der Chats, die Sie markiert haben.

Ganze Chats verwalten

Die folgenden Aktionen werden auf alle markierten Chats angewendet.

▶ Der *nach links zeigende Pfeil* am linken Bildrand beendet den Vorgang, ohne Änderungen vorzunehmen.

▶ Die *Zahl* daneben zeigt Ihnen an, wie viele Chats zur Bearbeitung ausgewählt wurden.

▶ Das *Nadel*-Symbol wiederum pinnt einen Chat beziehungsweise Kontakt in der Chat-Übersicht an – er erscheint damit immer ganz oben. Sonst ist dieser Platz stets dem Chat mit der neuesten Nachricht vorbehalten. Den Pin entfer-

nen Sie, indem Sie den angepinnten Chat erneut antippen und halten und dann das nun *durchgestrichene Pin*-Symbol antippen.

▶ Der *Papierkorb* löscht den Chat, was nicht rückgängig gemacht werden kann. Bitte beachten Sie auch die Ausführungen zum Aufräumen von Chats auf S. 74.

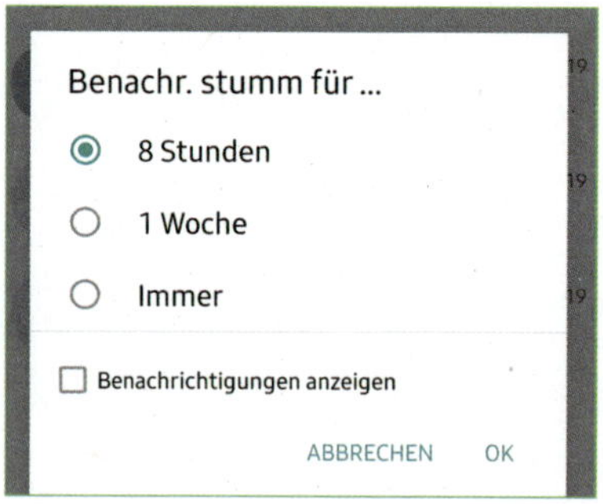

▶ Tippen Sie auf den *durchgestrichenen Lautsprecher*, um den Chat stummzuschalten. Sie erhalten dann für den ausgewählten Zeitraum keine akustischen Signale beim Eingang neuer Nachrichten. Zudem können Sie festlegen, dass trotzdem Benachrichtigungen angezeigt werden, beispielsweise in Form eines Banners am oberen Bildrand. Dass ein Chat stummgeschaltet ist, erkennen Sie übrigens in der Übersicht am durchgestrichenen Lautsprecher. Tippen und halten Sie den Chat erneut, um über das nun nicht mehr durchgestrichene *Lautsprecher*-Symbol in der Symbolleiste die Benachrichtigungen wieder zu aktivieren.

▶ Das *Schachtel*-Symbol mit dem Pfeil archiviert den oder die ausgewählten Chats. Wurden Chats archiviert, findet sich am Ende der Chat-Übersicht ein entsprechender Hinweis. Tippen Sie darauf, um sich eine Liste der archivierten Chats anzeigen zu lassen. Tippen und halten Sie einen Eintrag, um die Symbolleiste einzublenden. Das *Schachtel*-Symbol – diesmal zeigt dessen Pfeil nach oben und nicht nach unten – verschiebt den Chat vom Archiv in die Übersicht.

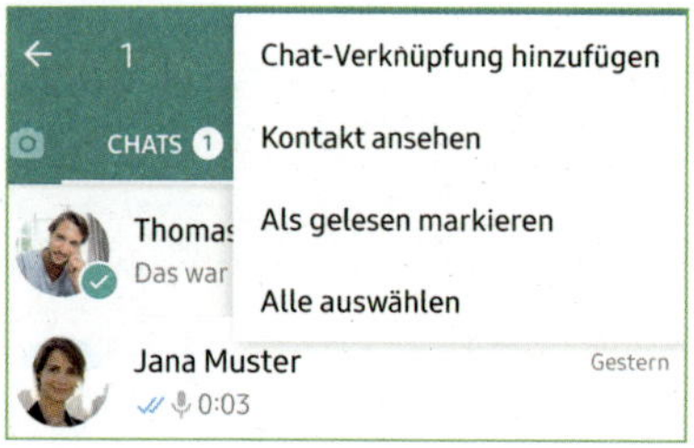

▶ Neben den Symbolen finden sich *drei Punkte*. Über dieses Menü können Sie einen Chat an den Startbildschirm anheften, den zugehörigen Kontakt oder die Gruppeninfos anzeigen lassen oder einen Chat als ungelesen markieren.

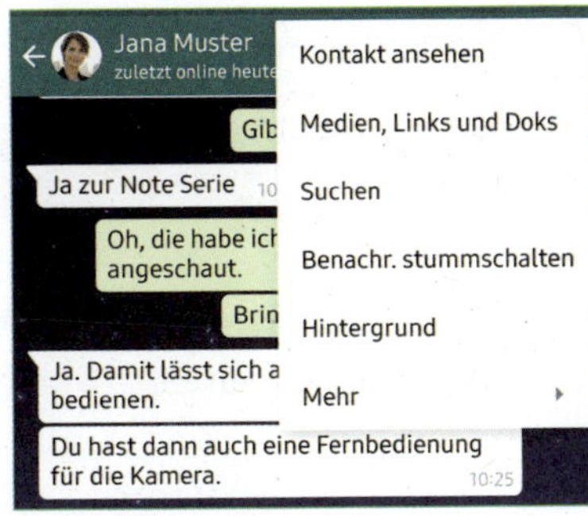

Weitere Optionen innerhalb eines Chats

Weitere Optionen für die Verwaltung von Nachrichten stehen Ihnen zur Verfügung, sobald Sie einen Chat geöffnet haben. Sie werden über das Menü (*drei Punkte* in der rechten oberen Ecke) aufgerufen.
Lassen Sie sich Details zu einem *Kontakt* oder die *Medien* und *Dateien* dieses Chats anzeigen, oder *Suchen* Sie im Chat nach bestimmten Nachrichten oder Dateien. Sie können über das Menü außerdem – für einen festgelegten Zeitraum – die *Benachrichtigungen stummschalten* (und wieder aktivieren) sowie den *Hintergrund* des Chats ändern (siehe S. 73).

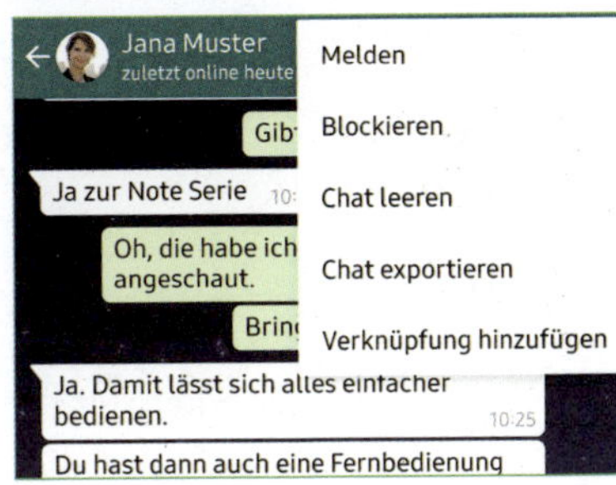

Das Untermenü hinter der Mehr-Option

Ganz unten in diesem Menü öffnet *Mehr* ein weiteres Untermenü.

- **Nervt ein Kontakt,** können Sie ihn hier blockieren, damit dieser Sie nun nicht mehr erreichen kann.
- **Chatverlauf leeren** bedeutet, alle geschriebenen Nachrichten unwiederbringlich zu löschen.
- **Wollen Sie Chats sichern,** wählen Sie *Chat exportieren*. Danach können Sie den Chat, mit oder ohne Mediendateien, an einen WhatsApp-Kontakt schicken, per E-Mail weiterleiten oder auch auf einem Onlinespeicher wie OneDrive ablegen.
- **Wollen Sie einen schnelleren Zugriff** auf einen oft genutzten Chat, können Sie ihn als *Verknüpfung* auf dem Startbildschirm Ihres Smartphones ablegen.

Einzelne Nachrichten bearbeiten

Sie haben auch die Möglichkeit, die Nachrichten im Chat-Verlauf durch Tippen und Halten zu bearbeiten. Wie schon in der Chat-

Übersicht wird auch hier am oberen Bildrand eine *Symbolleiste* geöffnet. Die zur Bearbeitung ausgewählte Nachricht sehen Sie jetzt *blau* eingefärbt. Auch hier können Sie ausschließlich diese Nachricht bearbeiten oder noch weitere antippen, um diese ebenfalls gleichzeitig zu bearbeiten.

▶ Der *dünne, nach links zeigende Pfeil* in der Symbolleiste verwirft Ihre Markierung(en) wieder, falls Sie versehentlich die falsche Nachricht angetippt haben.

▶ Die *Zahl* zeigt Ihnen an, wie viele Nachrichten von Ihnen markiert wurden.

▶ Der *leicht geschwungene Pfeil nach links* erlaubt eine direkte Antwort auf eine Nachricht. Die Ausgangsnachricht wird als Zitat eingefügt. So können Sie beispielsweise auf eine ältere Nachricht Bezug nehmen. Die Antwort-Funktion unterstützt aber nur einzelne Nachrichten.

▶ Tippen Sie auf den *Stern*, um eine Nachricht als wichtig zu markieren. Im Menü der Chat-Übersicht findet sich die Option *Mit Stern markierte*, die alle mit einem Stern markierten Nachrichten anzeigt. Den Stern können Sie natürlich auch wieder entfernen, indem Sie die Eingaben wiederholen.

▶ Ein Klick auf den *Papierkorb* löscht die ausgewählte Nachricht entweder für Sie oder für alle, sprich, auch auf dem Smartphone des Empfängers. Letzteres funktioniert allerdings nur unter bestimmten Bedingungen sowie mit gewissen Einschränkungen, die ab S. 111 erläutert werden. Wählen Sie die gewünschte Option, um den Löschvorgang abzuschließen.

▶ Das *rechte* Symbol kopiert die Nachricht in die sogenannte Zwischenablage. Diese Funktion erlaubt es Ihnen, den Text der Nachricht in eine andere App einzufügen, beispielsweise eine E-Mail. Tippen Sie auf das *Kopieren*-Symbol, verlassen Sie WhatsApp und öffnen Sie anschließend Ihre E-Mail-App, um eine neue Nachricht zu schreiben. Tippen und halten Sie dort, wo Sie den Text der E-Mail eingeben, und wählen Sie *Einfügen*, um den Text in die E-Mail zu kopieren.

▶ Falls die ausgewählte Nachricht eine Mediendatei ist, steht die Kopierfunktion für die Zwischenablage nicht zur Verfügung. Stattdessen sehen Sie das *Teilen*-Symbol – ein Foto oder Video lässt sich so über diverse Apps mit anderen Personen teilen.

▶ Der *leicht geschwungene Pfeil nach rechts* ermöglicht es, eine Nachricht an einen anderen WhatsApp-Kontakt weiterzuleiten. Es öffnet sich das WhatsApp-Adressbuch, über das Sie wieder einen oder mehrere Kontakte auswählen können. Nach einem Tippen auf das *Senden*-Symbol wird die Nachricht weitergeleitet.

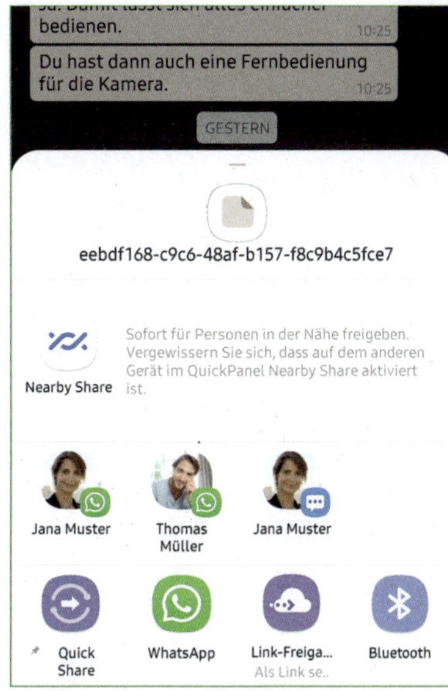

Sie können natürlich nicht nur Nachrichten, sondern auch Mediendateien wie Fotos und Videos, Sprachnachrichten und Standortkoordinaten weiterleiten. Dies ist allerdings einfacher als das Weiterleiten von Nachrichten: WhatsApp zeigt Ihnen bei den Medien selbst nämlich schon im Chat-Verlauf den *geschwungenen Pfeil nach rechts* an.

Die Schnellantwort

Direkt auf eine Nachricht antworten Sie, indem Sie von links nach rechts über die Nachricht wischen. Es erscheint links von der Nachricht der bereits bekannte geschwungene Pfeil als *Antwort*-Symbol.

Tippen Sie auf das *Kreuz* links oben in der eingeblendeten Zitat-Antwort, um den Vorgang abzubrechen.

Chats verwalten per iPhone

WhatsApp für iPhone bietet Ihnen zwar dieselben Optionen zum Verwalten von Chats wie Android, die Bedienung ist allerdings vollkommen anders. Für die weiteren Optionen wischen Sie hier in der Chat-Übersicht einen Chat nach links bzw. rechts.

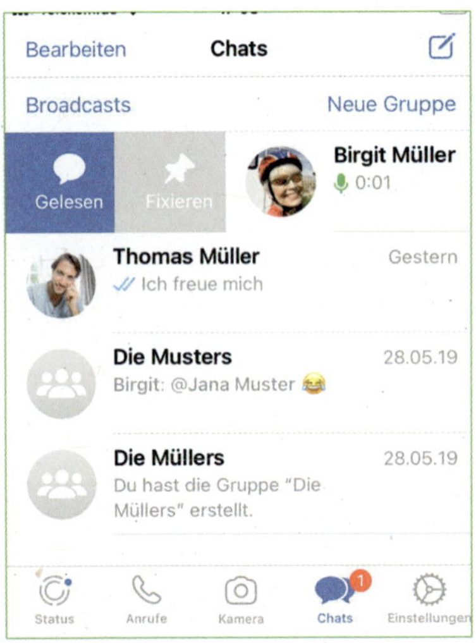

Die Wischgesten

▶ **Wischen Sie nach rechts,** um den Chat als ungelesen zu markieren oder ihn zu fixieren. Ein fixierter Chat erscheint stets oberhalb der neuesten Chats.

▶ **Ein Wisch nach links** erlaubt es Ihnen, das Menü *Mehr* zu öffnen oder den Chat zu *Archivieren*. Archivierte Chats zeigt die App erst an, nachdem Sie nach oben gescrollt und anschließend den Bildschirm nach unten gezogen haben. Tippen Sie für eine Liste der archivierten Chats auf *Archivierte Chats*. Dort können Sie durch Wischen nach links die Archivierung rückgängig machen.

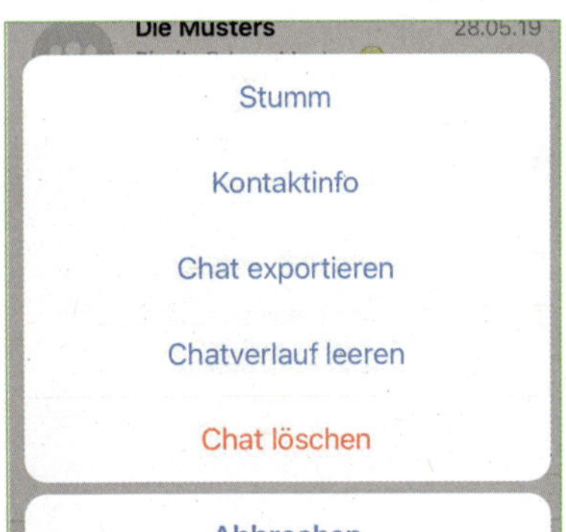

Wisch nach rechts: Das Mehr-Menü

Tippen Sie auf *Mehr* nach einem Wisch nach rechts, gelangen Sie zu einer neuen Auswahl an zusätzlichen Funktionen:

▶ Schalten Sie einen Chat für acht Stunden, eine Woche oder ein Jahr *Stumm*. Sie erhalten in dieser Zeit keinerlei Benachrichtigungen zu neuen Chat-Nachrichten von diesem Kontakt.

▶ Lassen Sie sich die *Kontaktinfo* des Chat-Partners anzeigen.

▶ *Exportieren* Sie einen Chat samt allen ausgetauschten Nachrichten. Sie können anschließend eine Kopie des Chats per SMS, E-Mail oder auch WhatsApp an eine andere Person weiterleiten oder in der Dateien-App von iOS speichern. Falls der Chat Medien wie Fotos oder Videos enthält, müssen Sie noch festlegen, ob diese ebenfalls exportiert werden sollen. Denken Sie daran, dass ein Chat-Verlauf mit Fotos oder sogar Videos unter Umständen zu groß für eine E-Mail sein könnte.

▶ Außerdem können Sie den *Chatverlauf leeren* oder *löschen*. Leeren bedeutet, dass alle Nachrichten unwiederbringlich aus dem Chat entfernt werden, der Chat selbst aber als leerer Chat in der Übersicht erhalten bleibt. Beim Löschen werden nicht nur die Nachrichten entfernt, sondern auch der Chat aus der Übersicht getilgt. Beide Aktionen können nicht rückgängig gemacht werden.

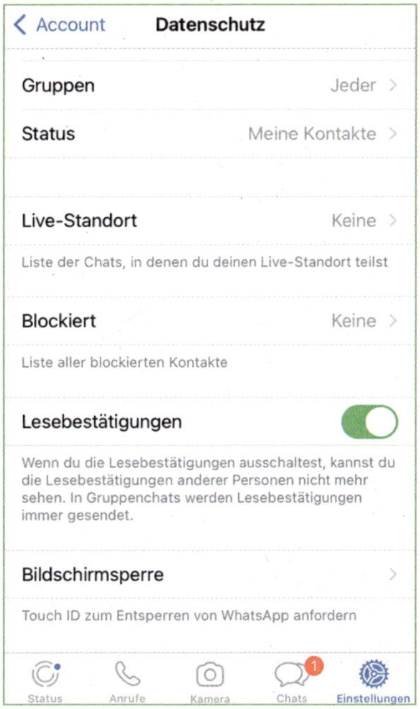

Mehrere Chats bearbeiten

Dies geht auf iPhones leider nur eingeschränkt. Tippen Sie dazu am oberen Bildrand der Chat-Übersicht auf *Bearbeiten*. Anschließend lassen sich mehrere Chats durch Antippen mit einem Häkchen versehen und *Archivieren*, als *Gelesen markieren* oder *Löschen*.

Kontakt blockieren

Nervt Sie ein Kontakt, können Sie ihn in WhatsApp blockieren. Dann kann dieser Ihnen keine Nachrichten mehr schicken.

1 Gehen Sie dazu in WhatsApp in die *Einstellungen*.

2 Bewegen Sie sich über die Menüfolge *Account > Datenschutz* zur Option *Blockiert*.

3 Hier können Sie den oder die zu blockierenden Kontakte auswählen – oder einen bereits blockierten Kontakt „begnadigen".

Nachrichten innerhalb eines Chats verwalten

Öffnen Sie einen Chat, um die Nachrichten selbst zu verwalten. Tippen und halten auf eine Nachricht blendet neue Funktionen ein. Wollen Sie mehrere Nachrichten gleichzeitig bearbeiten, können Sie nach Auswahl einer Funktion weitere Nachrichten antippen.

- Mit einem Tippen auf den *Stern* können Sie wichtige Nachrichten markieren. Alle mit einem Stern markierten Nachrichten können Sie sich übrigens über die Einstellungen anzeigen lassen, indem Sie dort auf den Eintrag *Mit Stern markierte* tippen.

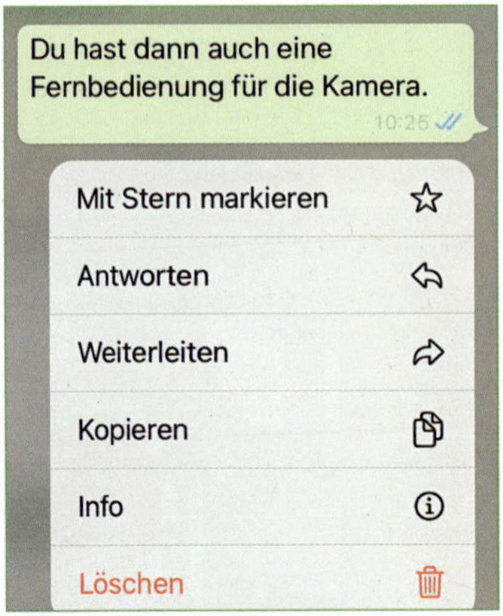

- Wenn Sie eine *Antwort* direkt auf eine Nachricht schreiben wollen, wird der Text der Ausgangsnachricht zusammen mit der neuen Nachricht an den Chat-Partner geschickt.
- *Weiterleiten* wiederum verschickt die ausgewählte Nachricht an einen anderen Kontakt. Sie können auch weitere Nachrichten durch Antippen auswählen und entweder über den *nach rechts gerichteten Pfeil* in der linken unteren Ecke an einen oder mehrere WhatsApp-Kontakte verschicken oder über das *Teilen*-Symbol von iOS (rechte untere Ecke) auch per SMS oder als E-Mail an eine andere Person senden.
- *Kopieren* erlaubt es Ihnen, den Text einer Nachricht in die Zwischenablage zu kopieren und von dort aus in eine andere App einzufügen.
- *Info* blendet Details zu einer verschickten Nachricht ein wie etwa die Zeit, wann die Nach-

richt zugestellt und gelesen wurde – falls der Empfänger die Lesebestätigung unterstützt.

▶ *Löschen* wiederum entfernt die Nachricht unwiderruflich aus dem Chat-Verlauf, wobei Sie zwei Optionen haben: Sie können die Nachricht nur auf Ihrem iPhone löschen oder auch auf dem Smartphone des Empfängers. Letzteres funktioniert allerdings nur unter bestimmten Bedingungen, die ab S. 111 näher erläutert werden.

Schnell antworten

Die Zitat-Antwort lösen Sie auch mit einer Wischgeste nach rechts über einen Chat aus. Das *Kreuz* am rechten Rand des Zitats bricht den Vorgang wieder ab. Unter iOS können Sie übrigens auch nach links über eine Nachricht wischen – es erscheinen die Nachrichtendetails.

Telefonieren mit WhatsApp

WhatsApp kann nicht nur die SMS, sondern die klassische Telefonfunktion ersetzen. Möglich ist dies als reines Gespräch oder wahlweise mit Videoübertragung.

Der interessanteste Aspekt an dieser Funktion: Sie können mit Ihren WhatsApp-Kontakten telefonieren, ohne das Gesprächsguthaben Ihres Mobilfunkvertrags zu belasten. Falls Sie nicht mit einem WLAN verbunden sind, geht ein Anruf allerdings zulasten Ihres Datenvolumens. Ohne WLAN-Verbindung ist Ihr Vertrag also das entscheidende Kriterium, ob Sie per WhatsApp oder über das Netz Ihres Mobilfunkanbieters günstiger telefonieren.

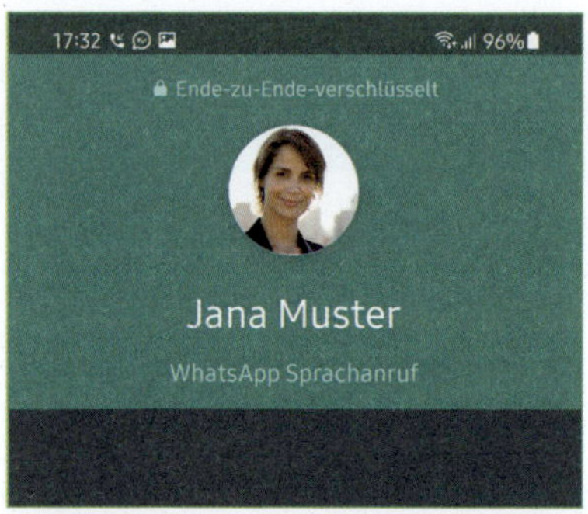

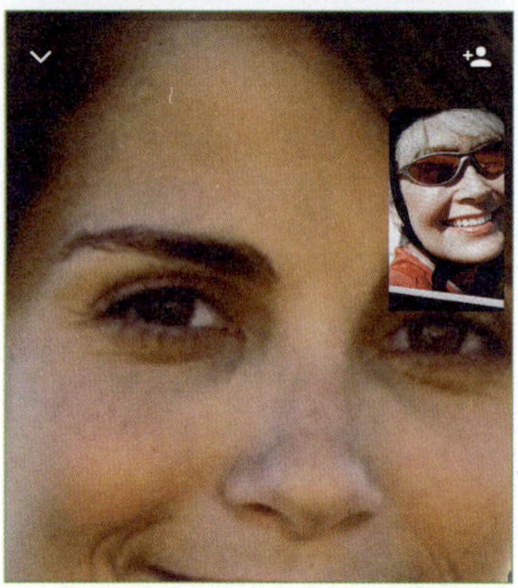

(Video-)Telefonie um die ganze Welt

Diese (Video-)Anrufe kosten nichts als ein paar Bits und Bytes. So starten Sie Ihren ersten Anruf:

1 Wechseln Sie in der Startansicht der App zum Tab *Anrufe*.

2 Auf Ihrem iPhone finden Sie oben rechts das blaue Hörer-Symbol und auf Ihrem Android-Smartphone unten rechts ein grünes Hörer-Symbol, um einen Anruf zu starten.

3 Zuerst öffnet sich das WhatsApp-Adressbuch. Tippen Sie nun auf das Hörer-Symbol, um einen Sprachanruf zu tätigen, oder auf das *Video*-Symbol, um ein Videotelefonat zu führen. Während Sie auf den Gesprächspartner warten oder mit ihm telefonieren, haben Sie folgende Optionen:

- Tippen Sie auf das rote *Hörer*-Symbol, um das Gespräch zu beenden.
- Über das *Lautsprecher*-Symbol unten links aktivieren Sie die Laut-hören-Funktion. Ein erneutes Tippen auf das Symbol schaltet die Tonausgabe wieder auf den Hörer um.
- Wenn Sie das *Mikrofon* ausschalten wollen, müssen Sie unten rechts auf das entsprechende (durchgestrichene) Symbol tippen. Auch hier schaltet ein erneutes Tippen das Mikrofon wieder ein.
- Bei einem *Videoanruf* stehen Ihnen dieselben Bedienelemente zur Verfügung – mit einer Ausnahme: Statt des *Lautsprecher*-Symbols sehen Sie ein *Kamera*-Symbol, mit dem Sie zwischen der Frontkamera und der rückwärtigen Kamera umschalten können. Außerdem sehen Sie rechts oben in einem separaten Fenster Ihr eigenes Bild. Durch Antippen können Sie dies in den Vordergrund holen und das Bild des Gesprächspartners in dem kleinen Fenster öffnen. Erneutes Tippen auf das kleine Fenster tauscht die Position wieder.

▶ Tippen Sie unter *Android* oben rechts auf das Personen-Symbol bzw. auf Ihrem *iPhone* auf das Plus-Zeichen, um weitere Personen zu einem Anruf hinzuzufügen (Gruppenanrufe siehe auch S. 67).

Wichtig: Der Empfänger eines Videotelefonats sieht das Livebild des Anrufe von dessen Handy-Frontkamera bereits, während das Telefon noch klingelt – also schon bevor er das Gespräch annimmt. Der Anrufer sieht das Livekamerabild des Empfängers allerdings erst, wenn die Verbindung zustande gekommen ist.

Eingehenden (Video-)Anruf annehmen oder ablehnen

Einen eingehenden Sprach- oder Videoanruf nehmen Sie durch Verschieben des *Anruf*-Symbols nach rechts (iPhone) oder nach oben (Android) an. Sie können den Anruf natürlich auch ablehnen, indem Sie auf das rote *Hörer*-Symbol tippen – oder es klingeln lassen, bis der andere auflegt.
Alternativ steht Ihnen die Option zur Verfügung, über das kleine *Nachrichten*-Symbol rechts eine Nachricht zu schicken, um beispielsweise zu erklären, dass ein Anruf gerade ungelegen kommt.

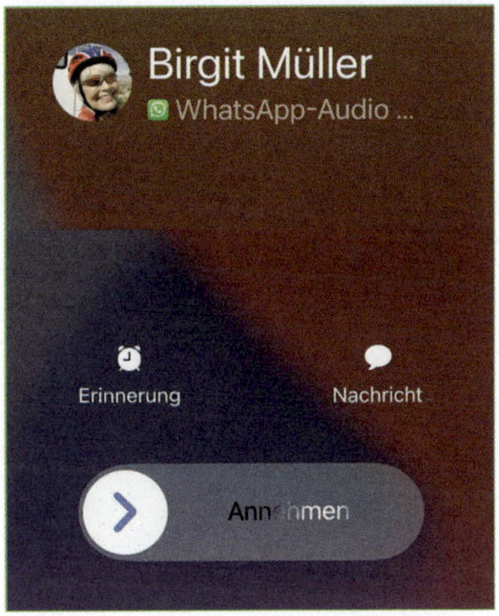

Die WhatsApp-Kamerafunktion

Smartphones verfügen inzwischen über recht gute bis beeindruckende Kameras, deren Fotos man auch gerne teilen möchte.

WhatsApp springt auf diesen Zug auf: So können Sie nicht nur bereits auf Ihrem Gerät gespeicherte Fotos und Videos an Ihre WhatsApp-Kontakte verschicken, sondern auch einen speziellen oder aktuellen Moment im Bild festhalten – direkt aus WhatsApp heraus.

Fotos und Videos in WhatsApp aufnehmen

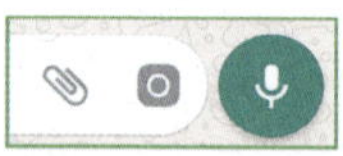

Wenn Sie in einem Chat mit einer Person sind oder in einem Gruppenchat, sehen Sie neben dem Eingabefeld ein *Fotoapparat*-Symbol. Bei Android ist es stark stilisiert. Tippen Sie darauf. Oder Sie wechseln zum *Kamera-Tab*, nehmen Ihr Bild oder Video auf und wählen erst danach den oder die Empfänger aus.

Die Oberfläche der Kamerafunktion

Die Oberfläche bietet Ihnen verschiedene Optionen:

- **Tippen Sie auf den kreisrunden Auslöser,** um ein Foto aufzunehmen.
- **Tippen und halten Sie den Auslöser,** um ein Video aufzuzeichnen. Die Aufzeichnung wird beendet (aber nicht nicht verschickt), sobald Sie den Auslöser wieder loslassen.

Je nach Smartphone lassen sich auch bestimmte Tasten am Gehäuse als Auslöser verwenden: Beim iPhone kann mit den Lautstärketasten fotografiert werden, ab Galaxy S10 unterscheiden die Lautstärketasten sogar zwischen kurzem Drücken und Halten, also zwischen Foto und Video. Darüber hinaus können Sie:

- **über das** *Blitz*-Symbol können Sie den LED-Blitz zu- und abschalten oder auf *A* wie automatisch setzen sowie
- **per Symbol unten rechts** zwischen Haupt- und Frontkamera wechseln – etwa für Selfies.

Foto- und Videomaterial bearbeiten

Ihre Aufnahme, egal ob Foto oder Video, lässt sich anschließend bearbeiten. Es stehen Ihnen die bereits auf S. 36 beim Versand von Fotos und Videos aus der Bibliothek beschriebenen Optionen zur Verfügung. Hinzu kommen Filter für Fotos, die Sie durch eine Wischgeste von unten nach oben einblenden. Auch eine Beschriftung kann hinzugefügt werden.

Die Filter bei WhatsApp sind natürlich nur rudimentär. Sie sind ausreichend für einen schnellen Schnappschuss, können und wollen aber nicht mit einer App mithalten, die speziell für die Fotobearbeitung konzipiert wurde.

Bei einem aufgenommenen Video sehen Sie neben der Möglichkeit zur Beschriftung zusätzlich den Filmstreifen am oberen Rand. Auch diesen können Sie rudimentär bearbeiten: Verschieben Sie die Ränder des Filmstreifens, um Start- und Endpunkt des Videos festzulegen. Oben links *(00:05)* sehen Sie die aktuelle Länge und Größe des Videos. Das kleine *Kamera*-Symbol oben rechts verwendet die Aufnahme als Film, über das *Play*-Symbol sehen Sie die Vorschau. *GIF* erstellt hingegen eine Datei, die ihren Videoinhalt automatisch immer und immer wieder abspielt. Die GIF-Option ist nur bis zu einer bestimmten Videolänge möglich – beschneiden Sie die Länge des Films notfalls.

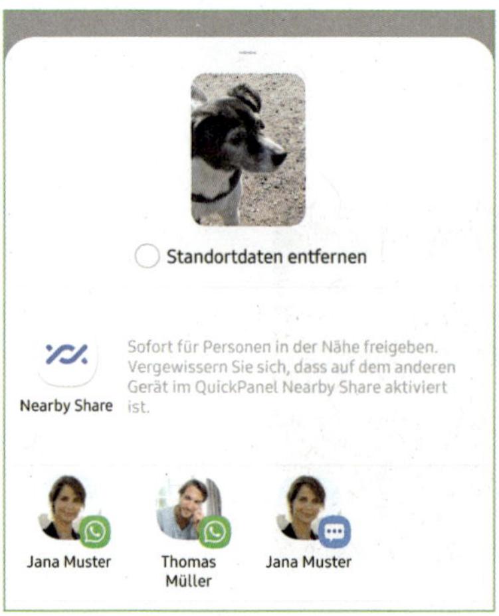

Fotos und Videos verschicken oder abbrechen

Tippen Sie auf das *Senden*-Symbol, um das Foto oder Video an den Kontakt zu verschicken. Sind Sie sich unsicher und wollen das Foto oder Video noch nicht verschicken, gehen Sie einfach über den *Zurück-Pfeil* oben links in den Chat zurück, ohne etwas verschickt zu haben.

Die Teilen-Funktion: Dateien per WhatsApp verschicken

„Teilen“ ist das neue Herumzeigen. Egal, ob Sie Freunde und Familie an Ihren Erlebnissen teilhaben lassen oder ob Sie jemandem eine Bedienungsanleitung schicken wollen – mit der *Teilen-Funktion* verschicken Sie praktisch alles an jeden.

Geteilt werden kann sowohl aus WhatsApp heraus als auch aus dem Internet in die App hinein. Denn fast jede App, mittlerweile sogar viele Webseiten, haben eine Teilen-Funktion, erkennbar am Symbol mit den drei miteinander verbundenen Punkten.
Übrigens: Sie können nicht nur per WhatsApp teilen. Tippen Sie auf das *Teilen*-Symbol, um die verschiedensten Dienste zum „Herumzeigen" auszuwählen – von SMS bis Bluetooth –, je nach Menge der Apps, die Sie sonst noch installiert haben.

Teilen aus WhatsApp heraus

Innerhalb eines Chats finden Sie neben dem Feld, in das Sie eine Nachricht eintippen, ein *Büroklammer*-Symbol (bei Android) bzw. ein *Plus*-Zeichen (auf dem iPhone). Gehen Sie nun vor, wie im Kapitel „Verschicken von Dateien" beschrieben (S. 36).

Aus einer anderen App heraus teilen

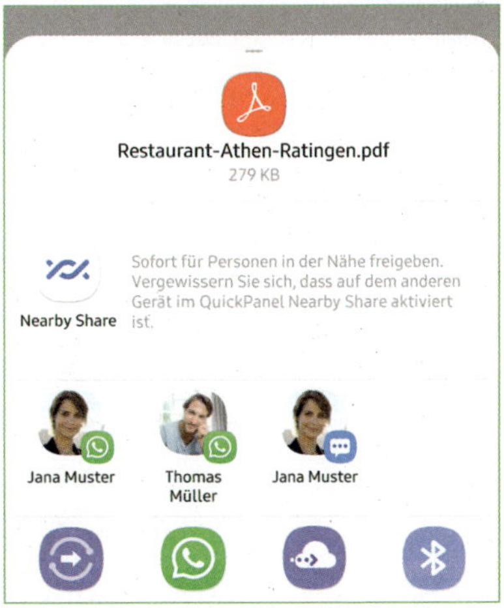

Wenn Sie sich beispielsweise ein Foto in Ihrer Galerie anschauen, können Sie direkt auf das *Teilen*-Symbol tippen, um dieses Bild per WhatsApp zu verschicken. Es ist nicht erforderlich, die Galerie zu verlassen, WhatsApp zu öffnen und von dort aus das Foto wieder zu suchen.
Danach ist der Ablauf so, wie Sie ihn bereits kennen:

1 Einen oder mehrere Kontakte auswählen.
2 Falls gewünscht, das Bild oder Video bearbeiten und beschriften.
3 Auf das *Häkchen* (Android) bzw. auf *Senden* (iPhone) tippen.

Sie können auf diese Weise nicht nur Fotos oder Videos aus Ihrer Sammlung teilen, sondern Informationen und Dateien aus nahezu allen Apps heraus, die diese Funktion unterstützen. Das kann das

Adressbuch Ihres Smartphones sein, der Musik-Player oder Apps von Diensten wie OneDrive und iCloud.

Denken Sie daran, dass die Funktion je nach App eine andere Bezeichnung haben kann.

- Wenn Sie beispielsweise eine auf Google Drive gespeicherte Datei öffnen, müssen Sie im Menü (*drei Punkte* oben rechts) auf *Kopie senden* tippen, um die Teilen-Funktion zu aktivieren.
- Falls Sie die Office-Apps von Microsoft (Word, Excel, PowerPoint) auf Ihrem Smartphone einsetzen, müssen Sie ein geöffnetes Dokument freigeben. Dann steht als Option auch *Als Anlage teilen* zur Verfügung, was Sie schließlich zu WhatsApp führt.

Teilen von Webseiten

- **Safari,** der Browser von Apple, der auch auf Ihrem iPhone läuft, macht es Ihnen sehr leicht, falls Sie einen Link per WhatsApp verschicken wollen. Rufen Sie einfach die gewünschte Website auf und tippen Sie in der Symbolleiste am unteren Bildrand auf das *Teilen*-Symbol von iOS.
- **In Chrome** für Android findet sich die Teilen-Funktion im Menü (*drei Punkte* oben rechts). Nutzen Sie auf einem Galaxy-Smartphone von Samsung indes den mitgelieferten Browser namens Internet, verbirgt sich der direkte Zugriff auf WhatsApp im Menü hinter dem Befehl *Senden*.

Direktes Teilen von Dateien

Sowohl auf Ihrem iPhone als auch auf dem Android-Smartphone können Sie außerdem alles, was in der Ordnerstruktur der Dateien-App angezeigt wird, per WhatsApp teilen.

Markieren Sie dazu die Datei durch Antippen und Halten, wählen Sie das *Teilen*-Symbol aus und anschließend *WhatsApp*. Innerhalb der App wählen Sie den Kontakt oder die Gruppe und bestätigen.

Übersicht über Ihre Kontakte

Im Gegensatz zur Chat-Übersicht, in der Sie immer diejenigen Chats ganz oben finden, mit denen Sie zuletzt kommuniziert haben (einmal abgesehen von denen, die Sie angepinnt haben), können Sie sich auch eine alphabetische Liste all Ihrer Kontakte anzeigen lassen.
Denn da WhatsApp ganz zu Beginn Ihr Telefonbuch auslesen durfte, hat die App für Sie gleich eine Liste erstellt, die all diejenigen Kontakte aus Ihrem Adressbuch auflistet, die ebenfalls WhatsApp verwenden.

Adressbuch anzeigen

Dieses Adressbuch lassen Sie sich anzeigen, indem Sie auf das Symbol für neue Nachrichten tippen – die *grüne Blase* unten rechts (Android) bzw. das *Stift*-Symbol (iPhone).
Es bietet Ihnen aber nicht nur eine Übersicht Ihrer Kontakte, sondern auch die Möglichkeit, einen *neuen Kontakt* anzulegen, eine *Gruppe einzurichten* (dazu mehr ab S. 66) und *Freunde zu WhatsApp einzuladen*.

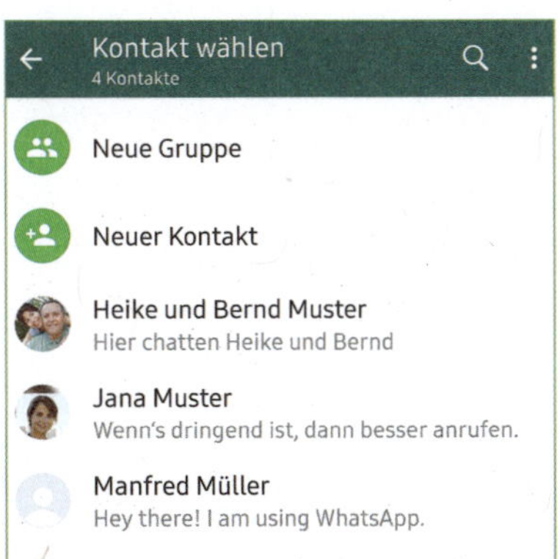

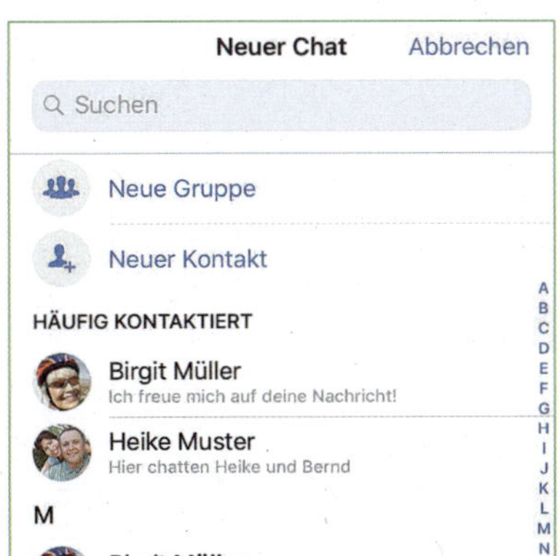

Kontakt per WhatsApp in das Adressbuch aufnehmen

Einmal in der Kontakte-Übersicht, tippen Sie auf *Neuer Kontakt*, um eine Person zu Ihrem Adressbuch hinzuzufügen. Tragen Sie mindestens einen Namen sowie eine Handynummer ein, damit Sie mit der Person kommunizieren können. Das funktioniert allerdings nur, wenn die Person tatsächlich WhatsApp nutzt. Andernfalls müssen Sie zuerst eine Einladung verschicken.

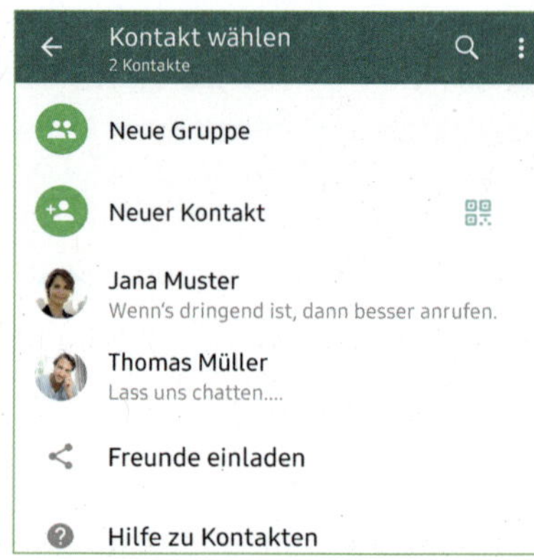

Freunde einladen

Scrollen Sie in der Kontakte-Übersicht ganz nach unten, um *Freunde einzuladen*, die noch nicht bei WhatsApp sind. Sie können ihnen eine Einladung per E-Mail, SMS bzw. Apps wie Facebook oder auch andere Messenger wie Skype schicken.

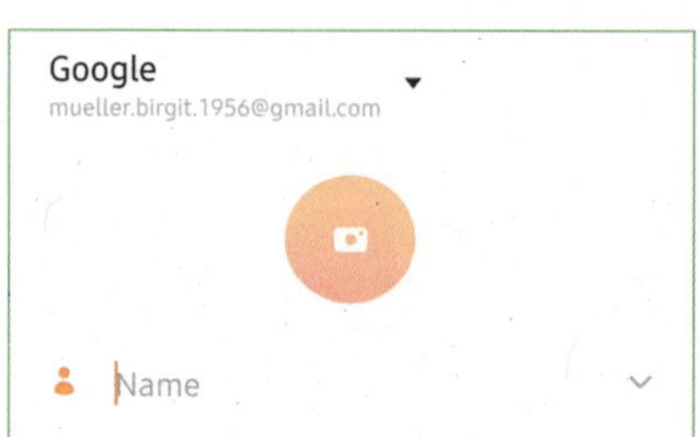

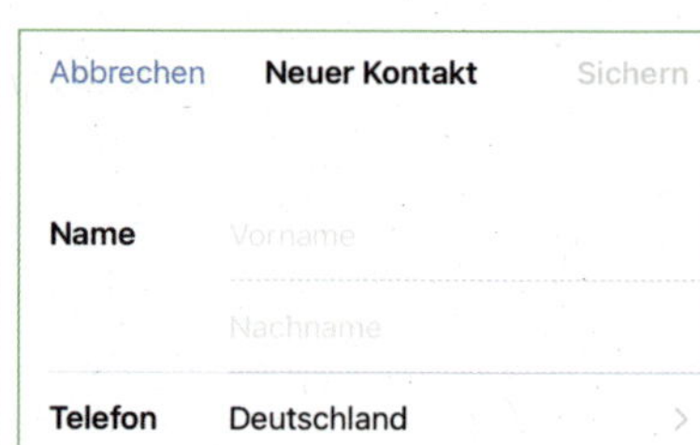

Wenn Sie jemanden beispielsweise per E-Mail einladen, öffnet WhatsApp eine neue E-Mail mit einem vorgefertigten Text, der unter anderem einen Link zur WhatsApp-Website enthält. Sie müssen nur noch eine E-Mail-Adresse eintragen und auf *Senden* tippen, um die Einladung zu verschicken.

Kontaktinformationen anzeigen lassen

Detaillierte Kontaktinformationen erhalten Sie, indem Sie auf Ihrem Android-Smartphone in der Chat-Übersicht auf das *Profilfoto* eines Kontakts tippen und anschließend auf das *kleine i* für mehr Informationen.

Auf Ihrem iPhone öffnen Sie dafür den Chat und tippen dann am oberen Bildrand auf den Namen des Kontakts.

Es werden Ihnen nun alle Informationen zu diesem Kontakt angezeigt, angefangen beim Profilbild über gemeinsame Gruppen bis hin zu den Medien, die Ihnen dieser Kontakt geschickt hat.

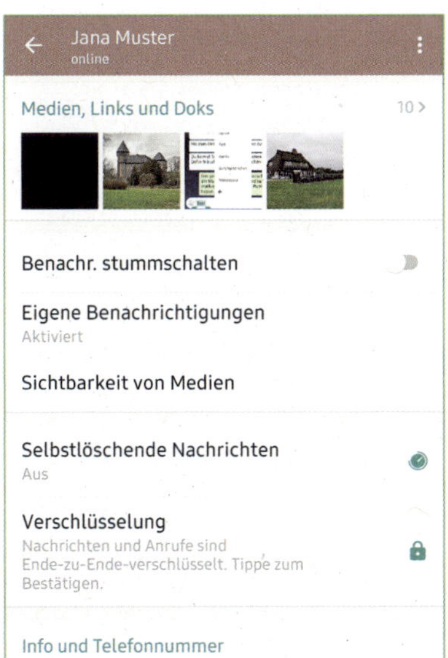

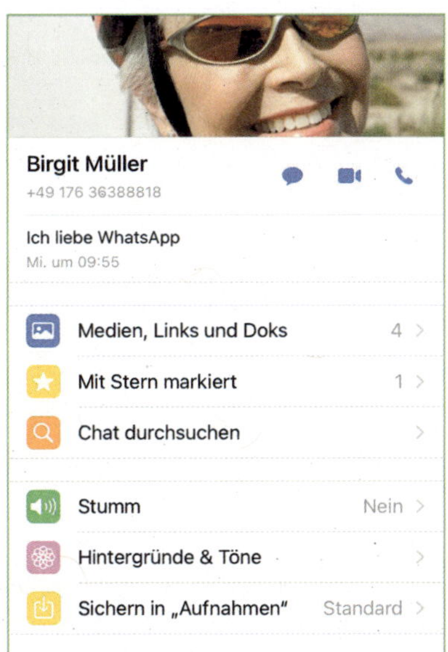

Individuelle Benachrichtigungstöne für Kontakte einrichten

Wo Sie gerade in den Profilinformationen sind, können Sie der Person auch gleich einen eigenen Benachrichtigungston zuordnen – so erkennen Sie schon am Klingeln, wer Sie kontaktiert.
Tippen Sie dafür unter Android auf *Eigene Benachrichtigungen* und auf einem iPhone auf *Hintergründe & Töne* und dann auf *Eigene Töne* und wählen Sie einen Ton aus.
Android bietet hier zusätzliche Optionen: Sie können auch das Vibrationsmuster ändern und festlegen, ob Sie per Pop-up über neue Nachrichten dieses Kontakts informiert werden. Zudem unterscheidet Android zwischen Benachrichtigungen für Chats und Benachrichtigungen für Anrufe. Was es mit dem Punkt *Verschlüsselung* in

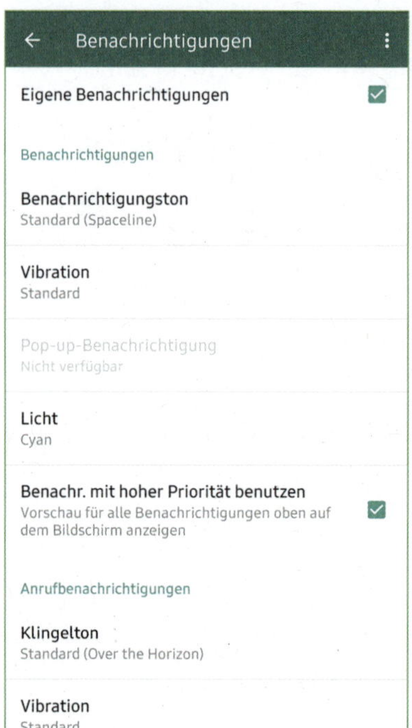

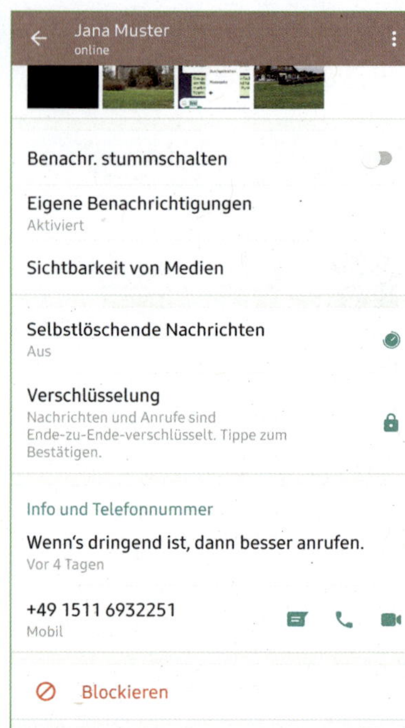

den Profilinformationen auf sich hat, erfahren Sie im dritten Kapitel ab S. 85.

Kontakte blockieren

Außerdem können Sie in den Kontaktinfos eine Person auch *Blockieren*. Für diese Option müssen Sie ganz nach unten scrollen. Ein blockierter Kontakt kann Ihnen keinerlei Nachrichten schicken. Sollte Ihnen ein Kontakt unerwünschte Nachrichten geschickt haben, können Sie den Kontakt sogar an WhatsApp als *Spam melden*. Das geht noch eine Stufe weiter als blockieren: WhatsApp kann solche Personen generell von seinem Dienst ausschließen, was letztlich zur Sperrung der Mobilfunknummer der Person führt. Mit einer neuen Telefonnummer könnte sich die Person allerdings wieder anmelden.

Die Gruppenchat-Funktionen

WhatsApp bietet Ihnen auch die Möglichkeit, mit einer Gruppe von Personen in Kontakt zu bleiben. Sei es, dass Sie eine Überraschungsfeier für ein Familienmitglied oder einen Freund vorbereiten, einen Ausflug planen oder den Aktivitäten eines Vereins folgen wollen – WhatsApp-Gruppen sind ein ideales Kommunikationsmittel für Menschen mit gemeinsamen Interessen.
Die Gruppenfunktion beschränkt sich nicht auf Chats, sprich Textnachrichten, und den Versand von Sprachnachrichten, Fotos, Videos und Dateien.
Gruppentelefonate oder sogar Videokonferenzen sind mit immerhin bis zu acht Personen möglich. Wer mehr Teilnehmer für eine Videokonferenz hat, sollte einen Blick auf S. 121 werfen. Dort werden „Alternativen zu WhatsApp“ behandelt.

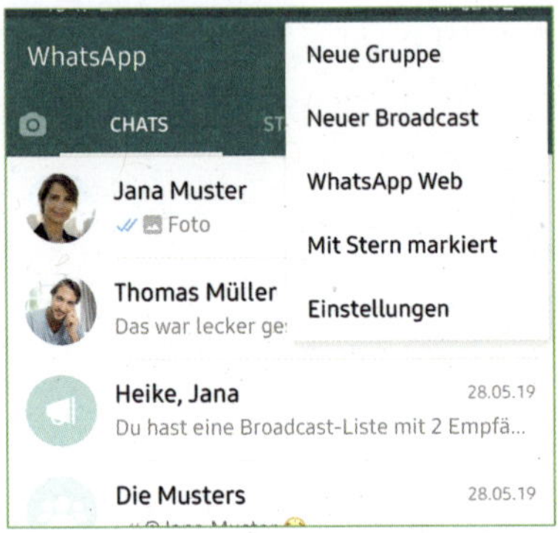

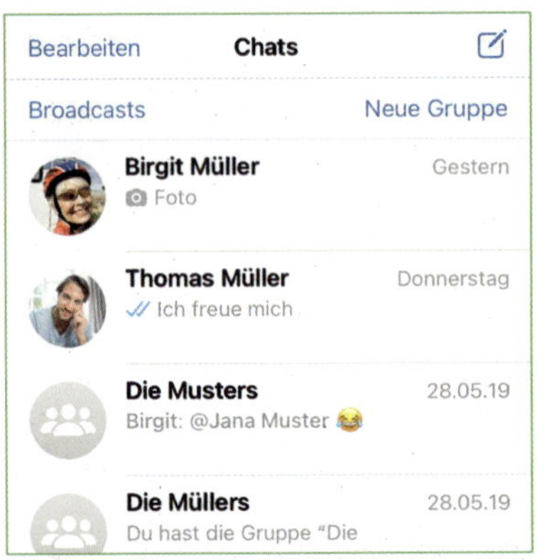

Einen Gruppenchat erstellen

Beginnen Sie damit, eine Gruppe einzurichten.

1 Rufen Sie den Tab *Chats* auf.

2 Auf Ihrem iPhone sehen Sie bereits oberhalb der Chat-Übersicht den Button *Neue Gruppe* – unter Android versteckt sich dieser im Menü (*drei Punkte* oben rechts). Nach einem Tippen auf *Neue Gruppe* öffnet sich das Adressbuch, aus dem Sie bis zu 256 Mitglieder für die Gruppe auswählen können.

3 Danach tippen Sie auf *Weiter* (iPhone) oder den *grünen Pfeil* (Android), um der Gruppe im nachfolgenden Dialog einen Namen zu geben (bis zu 25 Zeichen) und gegebenenfalls ein Profilfoto festzulegen.

4 Die Einrichtung der Gruppe schließen Sie ab, indem Sie auf *Erstellen* (iPhone) oder das *grüne Häkchen* (Android) tippen.

Anschließend öffnet WhatsApp direkt den eben neu erstellten Gruppenchat. Die Oberfläche sollte Ihnen sehr vertraut vorkommen: Der einzige Hinweis darauf, dass Sie nun Nachrichten an mehrere Personen gleichzeitig verschicken, sind die Namen der Gruppenmitglieder, die Ihnen oben angezeigt werden.

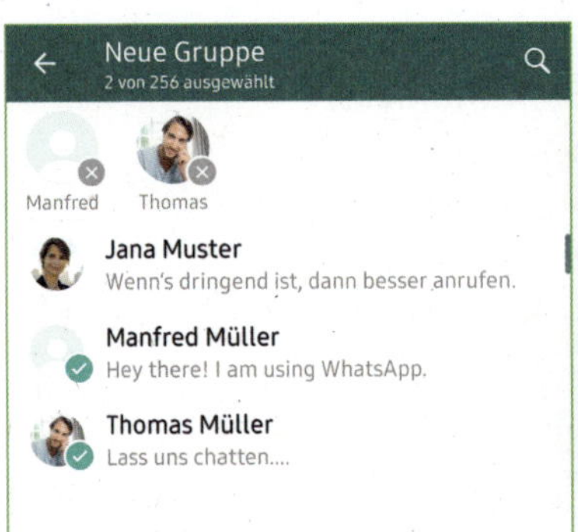

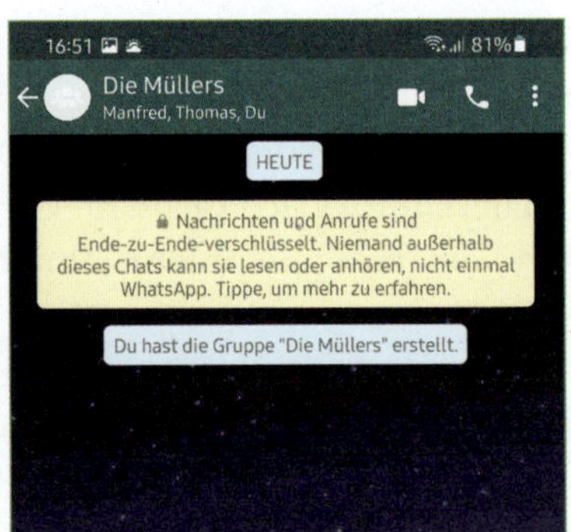

Ein Gruppen-Telefonat oder eine Videokonferenz erstellen

Diese können Sie entweder mit den Mitgliedern einer bereits vorhandenen Gruppe führen oder Sie können die Teilnehmer aus Ihren Kontakten zusammenstellen.

1 Öffnen Sie den Gruppenchat und tippen Sie auf das *Hörer*- oder *Kamera*-Symbol oben rechts.

2 Falls Sie über den Tab *Anrufe* gehen, müssen Sie nach dem Tippen auf das *Hörer*-Symbol einen neuen Gruppenanruf starten und die Teilnehmer aus Ihrem Adressbuch auswählen. Erst danach können Sie über die Symbole für Telefon und Video festlegen, ob Sie ein Gruppen-Telefonat oder eine Videokonferenz führen wollen.

3 Nun sehen Sie eine Übersicht der Teilnehmer und deren Erreichbarkeitsstatus.

4 Bei einer Videokonferenz werden die Profilfotos erst nach Annahme des Gesprächs durch das Kamerabild ersetzt. Ihr Video als Anrufende ist jedoch sofort für alle Teilnehmer sichtbar.

Während das Gespräch läuft, stehen Ihnen selbstverständlich auch die bekannten Optionen wie *Lautsprecher* und *Mikrofon* stummschalten sowie *Wechsel zwischen Front- und Rückkamera* zur Verfügung. Den Anruf oder die Videokonferenz beenden Sie mit dem roten *Hörer*-Symbol.

Die Bedienung innerhalb des Gruppenchats

Alle weiteren Chat-Funktionen können Sie genauso nutzen, wie Sie sie bereits kennengelernt haben: Schreiben Sie eine Nachricht, fügen Sie über das *Smiley*-Symbol Emojis oder über die *Büroklammer*

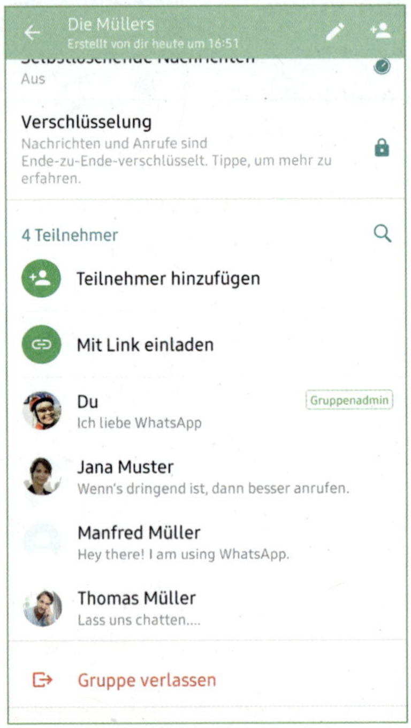

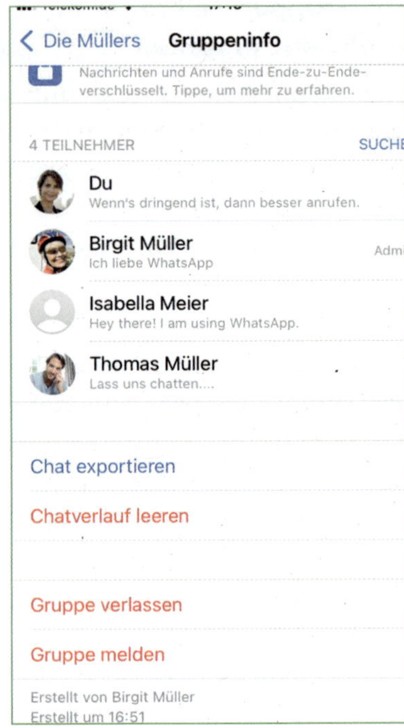

beziehungsweise das *Plus*-Zeichen Dateien ein oder starten Sie die *Kamera* oder eine *Sprachaufnahme*.

Ein Tippen auf den Gruppennamen oben führt zu den *Gruppen-infos*. Wie bei den Kontaktinfos sind hier alle Details gelistet. Sie können also sehen, wer zur Gruppe gehört, wer ihr Administrator ist, welche Fotos und Videos bereits ausgetauscht wurden, und Sie können hier eigene Benachrichtigungstöne für die Gruppe festlegen.

Außerdem steht es Ihnen (als Gruppenadmin) offen, *neue Mitglieder hinzuzufügen*, *Personen per Link einzuladen*, die *Gruppe zu verlassen* oder die *Gruppe als Spam zu melden*.

Hinzufügen können Sie übrigens nur Personen, die bereits in Ihrem Adressbuch enthalten sind. Personen, mit denen Sie sich bisher nicht per WhatsApp verbunden haben, können Sie lediglich

über einen Link einladen, der sich per WhatsApp oder andere Apps wie E-Mail verschicken lässt.
Eingeladene Personen müssen also der Einladung zustimmen, damit sie an der Gruppenkommunikation teilnehmen können. Hinzugefügte Personen werden automatisch zu Gruppenmitgliedern – sie erhalten lediglich eine Benachrichtigung und müssen, falls sie der Gruppe nicht angehören wollen, explizit wieder austreten.

Der Gruppenadmin – Sonderrechte innerhalb der Gruppe

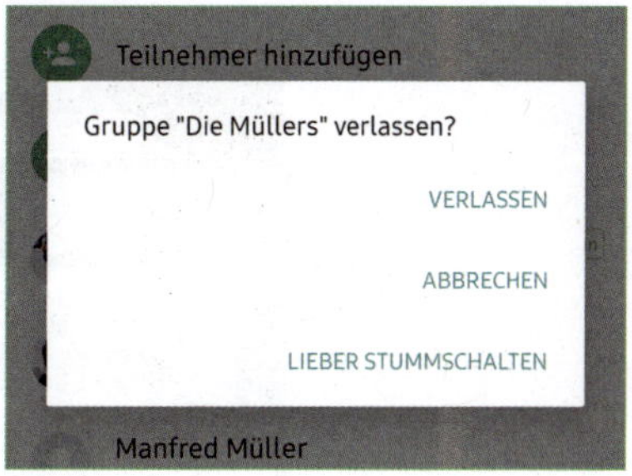

Sie haben es in der Gruppeninfo sicher schon bemerkt: Derjenige, der die Gruppe erstellt hat, ist der Gruppenadmin. Sollte der Ersteller der Gruppe diese verlassen, macht WhatsApp ein anderes Mitglied per Zufallsprinzip zum Administrator. So gibt es in jeder Gruppe also immer mindestens einen Gruppenadmin.
Dieser Administrator hat spezielle Rechte innerhalb der Gruppe: Nur er kann etwa neue Teilnehmer der Gruppe hinzufügen. Zudem kann nur er Personen aus der Gruppe entfernen – sowie andere Personen ebenfalls zum Gruppenadministrator machen. Dann erhalten auch diese Personen die entsprechenden Rechte.
All diese Funktionen erreichen Sie so:

1 Gehen Sie in die *Gruppeninfos*.

2 Scrollen Sie herunter zu den Kontakten und tippen Sie auf den gewünschten Kontakt.

3 Wählen Sie im auftauchenden Menü aus, was Sie mit dem Kontakt machen möchten.

Sie können Nachrichten an den Kontakt verschicken, seine Kontaktinfos anzeigen oder die Sicherheitsnummer bestätigen. Letzteres wird ab S. 103 genau beschrieben. Auf dem iPhone finden sich in diesem Menü zusätzlich Einträge für Sprach- und Videoanrufe.

Einzelne Mitglieder innerhalb einer Gruppe ansprechen

Alle Nachrichten, Fotos, Videos und Dateien, die in einem Gruppenchat erstellt werden, gehen immer automatisch an alle Mitglieder. Es ist aber möglich, einzelne Mitglieder gezielt anzusprechen. Sie werden zudem gesondert darüber informiert, dass sie in einem Gruppenchat angesprochen wurden. Unter anderem erhält die erwähnte Person auch dann eine Benachrichtigung, falls sie die Gruppe stummgeschaltet hat. Dafür gehen Sie wie folgt vor:

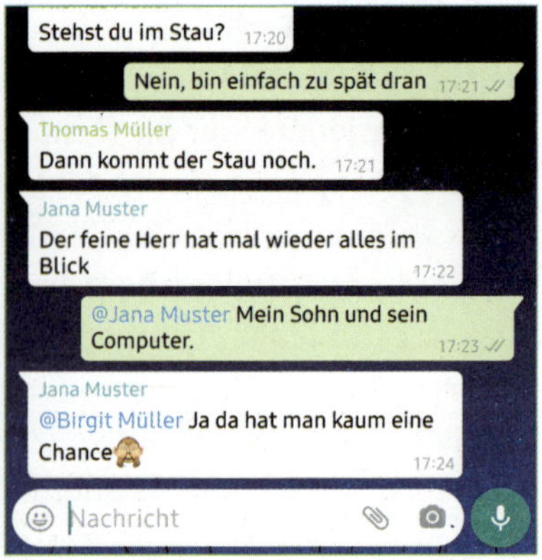

1 Öffnen Sie den Gruppenchat und tippen Sie in das Eingabefeld, um die Tastatur einzublenden. Lassen Sie sich die Sonderzeichen anzeigen und wählen Sie das @-Zeichen.

2 Es öffnet sich ein Pop-up-Fenster mit den Namen der Gruppenmitglieder.

3 Wählen Sie einen Namen aus, der dann in das Eingabefeld eingefügt wird.

4 Um eine weitere Person direkt anzusprechen, geben Sie erneut @ ein und wählen einen weiteren Namen.

5 Tippen Sie nun den Text Ihrer Nachricht. Sie können eine Person übrigens an jeder beliebigen Stelle im Text Ihrer Nachricht erwähnen.

6 Tippen Sie wie gewohnt auf das *Senden*-Symbol, um die Nachricht abzuschicken. Die Nachricht erscheint selbstverständlich im Chat-Verlauf aller Gruppenmitglieder. Die Erwähnung bedeutet nur, dass der Angesprochene gesondert informiert wird.

Auf eine Gruppennachricht privat antworten

Um einem Gruppenmitglied etwas privat mitzuteilen, können Sie den Gruppenchat schließen und dieser Person eine separate Nachricht schicken.
Oder Sie tippen und halten einen Beitrag der Person im Gruppenchat, tippen rechts oben auf die *drei Punkte* und anschließend auf *Privat antworten* (Android) – bzw. wählen *Mehr*, um privat zu antworten (iPhone).

Mehrere Gruppenchats in der Chat-Übersicht verwalten

Darüber hinaus können Sie selbstverständlich eine Gruppe auch oben in Ihrer Chat-Übersicht anheften, deren Benachrichtigungen stummschalten oder die Chats der Gruppe archivieren.
Die zugehörige Symbolleiste blenden Sie unter Android, wie bei „normalen" Chats auch, durch Tippen und Halten auf den Eintrag der Gruppe in der Chat-Übersicht ein.
Auf dem iPhone müssen Sie für diese Funktionen wie gewohnt über den Eintrag nach links oder rechts wischen.

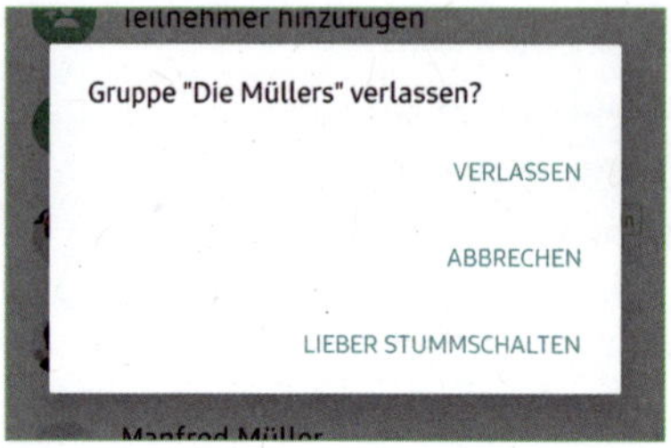

Aus einer Gruppe austreten

Jeder kann aus einer Gruppe austreten – auch wer sie ursprünglich gegründet hat. Wie eben beschrieben, geht sein Gruppenadmin-Status in diesem Fall per Zufallsprinzip auf ein anderes Mitglied über. Wollen Sie eine Gruppe verlassen, rufen Sie die Gruppeninfos auf, wählen Sie *Gruppe verlassen* und bestätigen Sie es.

Sie können die Gruppe stattdessen nur stummschalten. Sie befindet sich nun weiterhin in Ihrer Chat-Übersicht. Dann haben Sie noch immer Zugriff auf alle Nachrichten, die die Gruppe während Ihrer Mitgliedschaft ausgetauscht hat, sehen aber keine der neuen Nachrichten, die seit Ihrem Austritt geschrieben wurden.

Archivieren oder löschen – Gruppe endgültig aus der Chat-Übersicht entfernen

Wollen Sie die Gruppe gar nicht mehr in der Übersicht haben, können Sie den gesamten Gruppeneintrag archivieren oder löschen:

▶ **Unter Android** tippen und halten Sie den Eintrag. Wählen Sie die *Schachtel mit nach unten gerichtetem Pfeil*, um den Chat zu archivieren. Ein Tippen auf das *Papierkorb*-Symbol löscht die Gruppe.

▶ **Auf dem iPhone** wischen Sie über den Gruppennamen nach links und tippen auf *Mehr* und *Archivieren* bzw. *Löschen*.

Der Zugang zu Ihrem „Archiv“ befindet sich ganz unten, am unteren Ende Ihrer Chat-Übersicht. Hier stört der Eintrag nicht – vielleicht wollen Sie später doch noch einmal reinlesen? Falls nicht, löschen Sie die Gruppe permanent.

Zudem können Sie festlegen, ob Sie die Medien der Gruppe behalten oder ebenfalls löschen möchten.

WhatsApp personalisieren

WhatsApp bietet verschiedene Optionen, um die Chat-Funktion unter anderem an persönliche Vorlieben anzupassen. Sie finden sich in den *Einstellungen* unter dem Punkt *Chats*.

Dunkles Design festlegen

Unter *Android* können Sie dies dauerhaft einstellen oder gemäß den Systemeinstellungen Ihres Smartphones wechseln. Auf dem *iPhone* gilt diese Option immer systemweit, also für das Betriebssystem und alle Apps.

Eigenes Hintergrundbild in Chats auswählen

Eine individuelle Note verleihen Sie WhatsApp durch ein eigenes Hintergrundbild im Chat-Verlauf. Sie finden die Option in WhatsApp unter *Einstellungen > Chats > Hintergrund*.
Hier können Sie zwischen einem einfarbigen Hintergrund, einem Foto aus Ihrer Galerie oder von WhatsApp mitgelieferten Hintergrundbildern wählen. Letztere müssen Sie unter Android allerdings zuerst über den Play Store herunterladen. Ein neues Hintergrundbild präsentiert Ihnen die App zuerst in einer Vorschau.

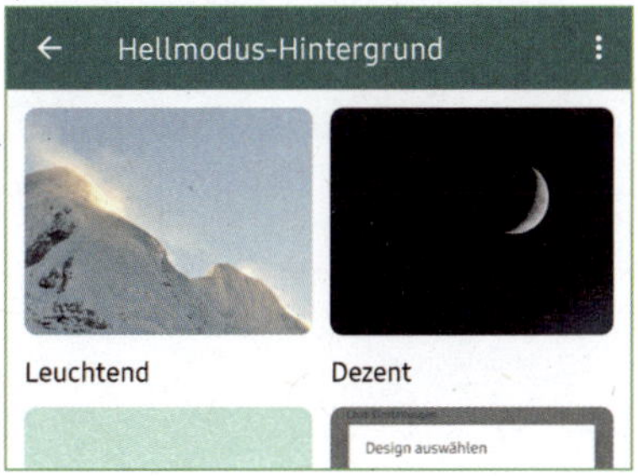

Zwischen den WhatsApp-eigenen Hintergrundbildern können Sie durch Wischgesten nach links oder rechts in der Vorschau blättern. Bilder aus der Galerie können per Ziehgeste vergrößert oder der Bildausschnitt verändert werden. Alternativ können Sie das Hintergrundbild auch auf den Standard zurücksetzen.

Chats archivieren oder löschen

Außerdem steht es Ihnen offen, in der Chat-Übersicht aufzuräumen und alte Chats nicht mehr anzeigen zu lassen:

- Wählen Sie *Alle Chats archivieren* (iPhone) oder *Chatverlauf* (Android), um den Chatverlauf zu bereinigen, ohne dass Chats gelöscht werden. Das Archiv können Sie sich zwar nicht anzeigen lassen, doch lässt sich die Archivierung jederzeit wieder rückgängig machen, wodurch die archivierten Chats wieder bei jedem Kontakt im Chat-Verlauf auftauchen.
- Wollen Sie alle Nachrichten aus den Chats löschen, tippen Sie auf *Alle Chats leeren*. Dann behalten Sie die einzelnen Chats – und sehen in WhatsApp weiterhin, mit wem Sie zuletzt Nachrichten ausgetauscht haben, aber eben die Nachrichten selbst nicht mehr.

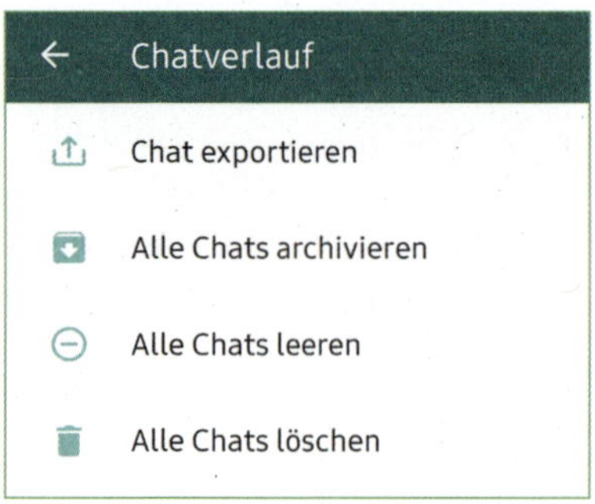

- *Alle Chats löschen* wiederum ist die Option, mit der Sie alle Chats vollständig entfernen. Anschließend präsentiert sich der Tab *Chats* so, als hätten Sie die App erstmalig gestartet: ohne jegliche Einträge.

Beachten Sie, dass sich das Leeren und Löschen der Chats nicht rückgängig machen lässt. Das gilt vor allem für iPhones. Bei Android-Geräten gibt es einen Trick, der auf S. 113 erklärt wird.

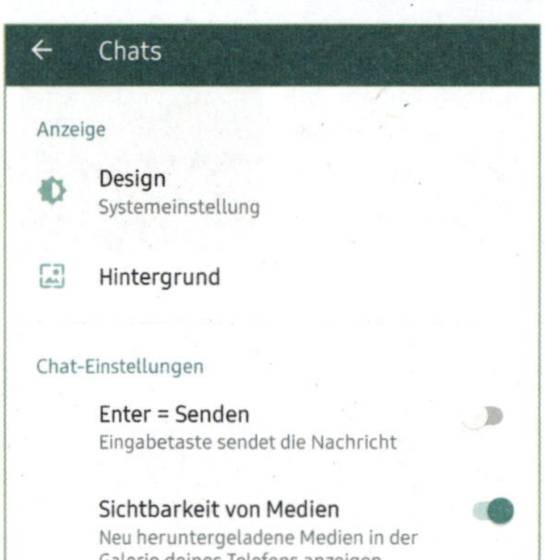

Außerdem können Sie unter Android einzelne Chats exportieren. Fügen Sie dem Export bei Bedarf die Mediendateien hinzu. Die Export-Datei lässt sich anschließend per E-Mail verschicken, auf einem Cloud-Speicher ablegen oder per Bluetooth auf ein anderes Gerät übertragen.

Weitere Anpassungen für Android und iPhone

- **Android** hält unter *Einstellungen > Chats* zwei Optionen bereit, die WhatsApp auf dem iPhone nicht bietet.

1. **Zum einen** können Sie hier festlegen, ob die *Enter*-Taste auf der Tastatur die eingegebene Nachricht sendet oder eine neue Zeile hinzufügt. Voreingestellt ist das Senden.
2. **Zum anderen** können Sie hier die *Schriftgröße* im Chat-Fenster anpassen. Zur Verfügung stehen die Optionen *Klein*, *Mittel* und *Groß*.

▶ **Die iPhone-Version** wiederum erlaubt es in den *Einstellungen*, Fotos und Videos nicht automatisch in den eigenen Aufnahmen des iPhones zu speichern. Ab Werk ist diese Funktion jedoch aktiviert. Wenn Sie sie deaktivieren, sehen Sie per WhatsApp erhaltene Videos und Fotos nur in der App – andernfalls auch in der Foto-Mediathek.

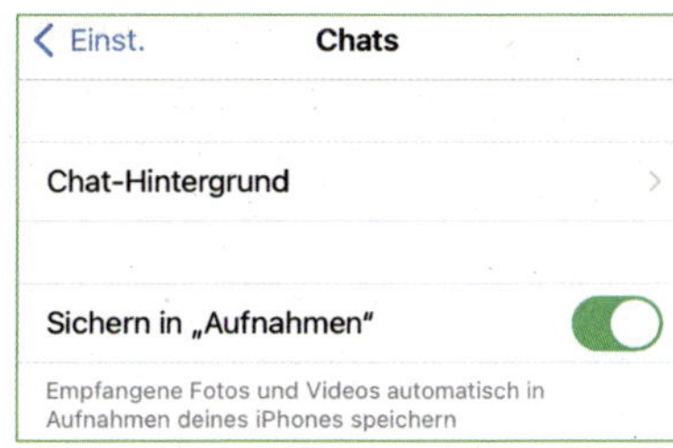

Ein Backup von WhatsApp erstellen

WhatsApp verfügt auch über eine Backup-Funktion, um alle Daten zu sichern. Ab Werk speichert die App Ihren Chat-Verlauf lokal auf Ihrem Smartphone. Mehr Sicherheit verspricht ein Cloud-Backup, das unter Android per Google Drive und auf dem iPhone per Apple iCloud realisiert wird. Mehr dazu finden Sie im Kapitel „Datenschutz und Sicherheit" ab S. 84.

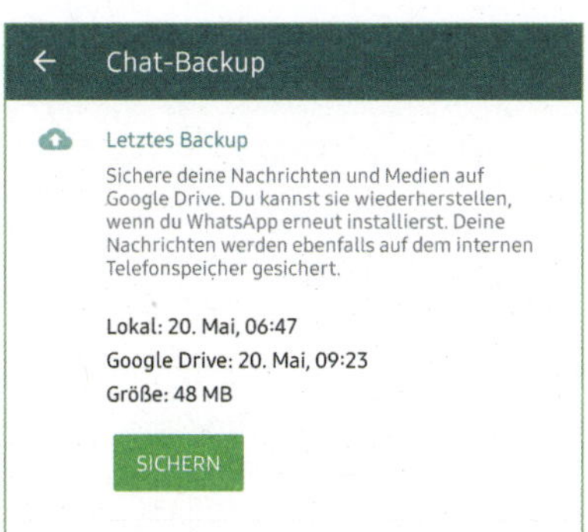

Zusatzfunktionen

Idealerweise soll niemand etwas vermissen und deswegen zu einer anderen App wechseln. Ob Sie diese speziellen Funktionen nutzen, bleibt selbstverständlich Ihnen überlassen.

Dateien während eines Anrufs versenden

Eines dieser Specials ist beispielsweise, dass Sie während eines Sprachtelefonats eine Datei oder ein Foto verschicken können. Diese Option steht dem Anrufer und natürlich auch dem Angerufenen zur Verfügung.

1 Tippen Sie auf den *nach unten* (Android) bzw. *nach links gerichteten Pfeil* (iPhone) am oberen Bildrand, um zur Chat-Übersicht zu gelangen, während das Telefonat im Hintergrund weiterläuft.

2 Öffnen Sie den Chat der Person, der Sie eine Datei schicken wollen. Das muss nicht die Person sein, mit der Sie gerade telefonieren.

3 Tippen Sie nun auf die *Büroklammer* oder das *Plus*-Zeichen, um eine Datei oder ein Foto auszuwählen.

4 Tippen Sie auf die *Kamera*, um ein Bild aufzunehmen.

5 Der Empfänger wird nun während des Telefonats über den Eingang Ihrer Nachricht oder Ihres Fotos informiert und kann sich Nachricht oder Foto im Chat-Verlauf ansehen.

6 Ein Tippen auf den *hellgrünen Balken* am oberen Bildrand des Chat-Verlaufs bringt Sie zurück zum laufenden Anruf.
7 Wenn Sie sich die Nachricht oder die Datei während des Anrufs erneut anschauen wollen, tippen Sie einfach abermals auf den *Pfeil* am oberen Bildrand.

Formatierung von Texten

Es gibt auch Optionen für die Formatierung von Worten in Ihrer Chat-Sprechblase:
1 Geben Sie Ihren Nachrichtentext ein, ohne ihn abzuschicken.
2 Tippen und halten Sie ein Wort, um es zu markieren.
3 Zu dem markierten Text erscheint ein Menü.
4 Unter Android müssen Sie nun nach unten scrollen für die Befehle *Fett*, *Kursiv* und *Durchgestrichen*.
5 Auf Ihrem iPhone müssen Sie das Wort zuerst markieren und dann über den *nach rechts gerichteten Pfeil* in der schwarzen Leiste zur Option „BIU" wechseln, was für Fett, Kursiv und Durchgestrichen steht. Erst nachdem Sie darauf getippt haben, lässt sich der zuvor markierte Text formatieren.

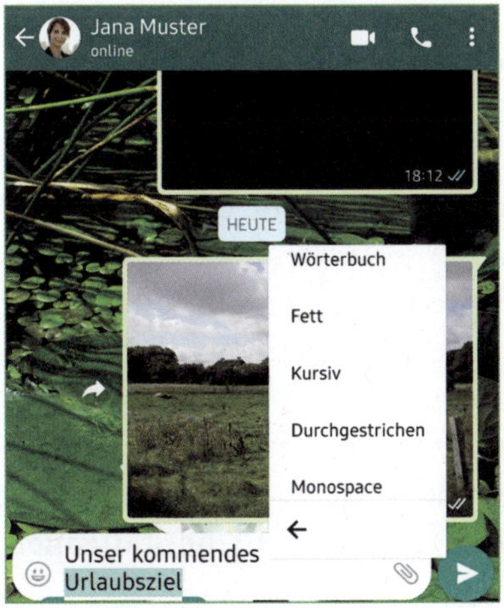

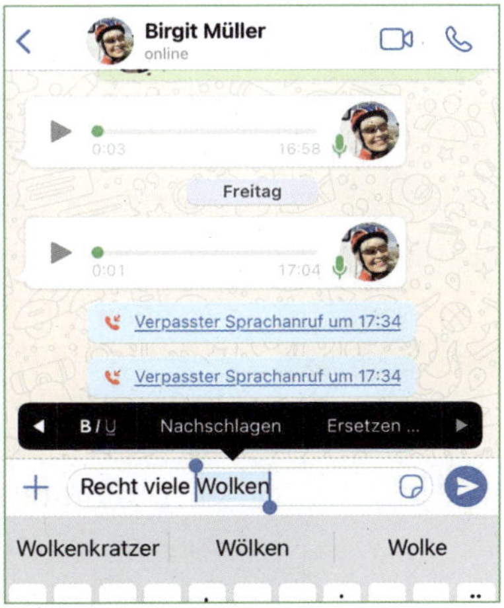

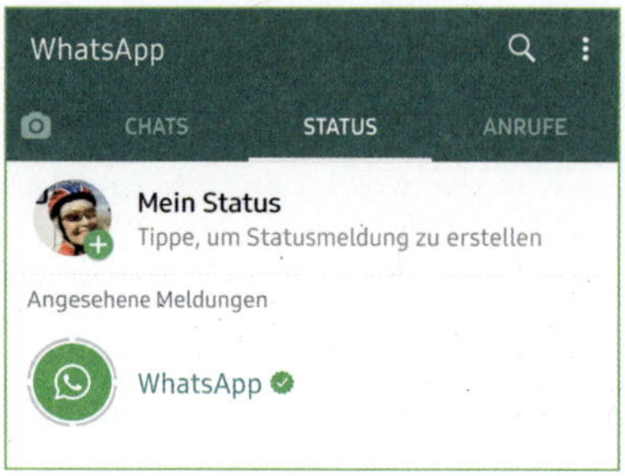

Statusmeldungen

Kommen wir nun zum letzten Tab in WhatsApp: *Status*. Im Tab *Status* sehen Sie alle Statusmeldungen – Ihre eigenen und die Ihrer Kontakte. Hier erstellen Sie auch Ihre Statusmeldungen, die im Gegensatz zu Nachrichten nicht an eine oder mehrere ausgewählte Personen geschickt werden, sondern an alle Ihre WhatsApp-Kontakte – zumindest in der Standardeinstellung. Selbstverständlich können Statusmeldungen auch Texte, Fotos, Videos und GIFs enthalten. Und falls ein Versand an das gesamte Adressbuch nicht erwünscht ist, lassen sich Statusmeldungen über die Datenschutzeinstellungen sogar auf bestimmte Personen oder einen Personenkreis beschränken (siehe „Status“, S. 108).

Statusmeldungen mit Text

So erstellen Sie eine neue Statusmeldung:

1 Tippen Sie auf das *Stift*-Symbol, um einen Text als Status-Update zu verfassen.

2 Geben Sie nun einen kurzen Text ein.

3 Über das *Smiley*-Symbol können Sie ein Emoji hinzufügen.

4 Tippen Sie auf das *T*-Symbol, um die Schriftart zu verändern.

5 Ein Tippen auf die *Farbpalette* ändert die Hintergrundfarbe. Sie können allerdings keine Farbe direkt auswählen – jedes weitere Tippen auf die Farbpalette zeigt eine andere Farbe an.

6 Das Anwählen des *Senden*-Symbols schließt die Eingabe ab und veröffentlicht die Statusmeldung.

Statusmeldungen mit Foto

1 Für eine Statusmeldung mit Foto müssen Sie auf das *Kamera*-Symbol tippen und dann entweder ein neues Foto oder Video aufnehmen oder ein Foto oder Video aus der Galerie auswählen.

2 Letztere rufen Sie über das *Galerie*-Symbol links vom Auslöser (iPhone) auf oder durch Ziehen der Vorschaubilder nach oben (Android).

3 Nach Auswahl eines oder mehrerer Fotos stehen Ihnen die verschiedenen Foto-Bearbeitungsfunktionen zur Verfügung: *drehen*, *zuschneiden*, *beschriften*, *mit Emojis versehen* und *Freihandmarkierung hinzufügen*.

4 Tippen Sie auf das *Senden*-Symbol, wenn Sie mit der Bearbeitung fertig sind, um Ihre Statusmeldung mit einem Foto zu aktualisieren.

Übersicht über die Statusmeldungen

Im Tab *Status* erscheinen Foto und auch Text als kreisrundes Profilbild.

1 Tippen Sie auf eine Meldung, um sie im Detail anzuzeigen.

2 Wischen Sie nach links oder rechts, um zwischen den einzelnen geöffneten Statusmeldungen hin- und herzublättern.

3 Den geöffneten Status eines Kontakts können Sie durch eine Wischgeste von unten nach oben beantworten. Diese Antwort kann – wie üblich – ein Text mit Emojis, ein Foto, ein Video, eine Datei oder eine Sprachnachricht sein.

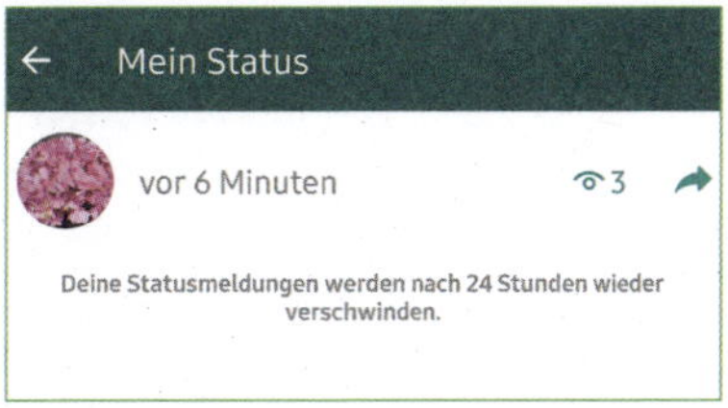

4 Tippen Sie auf die *drei Punkte* in der rechten oberen Ecke, um die Statusmeldungen des Kontakts stummzuschalten. Sie erscheinen dann nicht mehr oben in der Statusübersicht. Unter Android können Sie alternativ auch eine Statusmeldung in der Übersicht antippen und halten, um sie stummzuschalten.

Ohne Eingabe kehrt WhatsApp übrigens nach wenigen Sekunden automatisch zur Statusübersicht zurück.
An oberster Stelle wird Ihnen in der Statusübersicht immer Ihr eigener Status angezeigt. Darunter sehen Sie Statusmeldungen von Kontakten, die Sie sich noch nicht angeschaut haben, gefolgt von allen bereits gelesenen Meldungen.
Auf Android-Smartphones sehen Sie neben Ihrem eigenen Status *drei Punkte*. Ein Tippen darauf zeigt Ihnen an, wie viele Personen sich Ihren Status angeschaut haben.

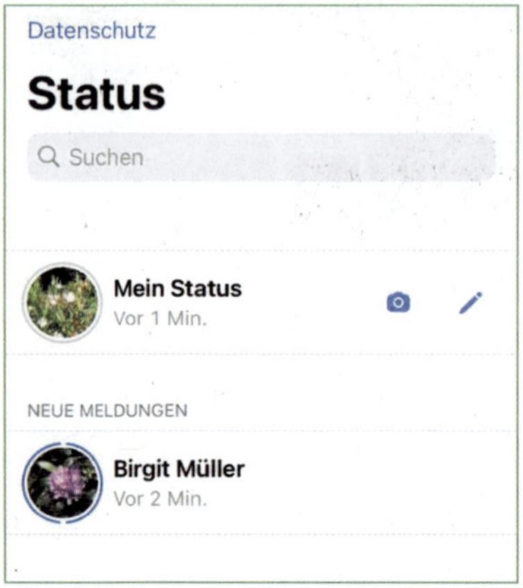

Auf Ihrem iPhone müssen Sie für diese Ansicht lediglich auf Ihren Status tippen. Über den *nach rechts gerichteten Pfeil* können Sie den Status an eine Person oder Gruppe weiterleiten. Das Menü der Statusübersicht (*drei Punkte* in der rechten oberen Ecke) gibt Ihnen Zugriff auf die Datenschutzeinstellungen für die Statusmeldungen.
iOS erlaubt per 3D Touch übrigens eine Vorschau einer Statusmeldung – ohne dass diese dabei als gelesen markiert wird. Einfach fest auf das Status-Icon tippen und die Vorschau öffnet sich.

Statusmeldungen vor Ablauf der 24 Stunden löschen

Statusmeldungen verschwinden nach 24 Stunden automatisch. Vielleicht möchten Sie aber eine Meldung früher löschen? Dann gehen Sie folgendermaßen vor:

▶ **Unter Android:** Tippen Sie auf die *drei Punkte* neben Ihrer Statusmeldung: Nun müssen Sie Ihren Status erneut antippen und halten. Dadurch blendet sich eine Symbolleiste mit *Papierkorb* ein.

▶ **Auf dem iPhone:** Öffnen Sie Ihren Status und tippen Sie auf *Bearbeiten* in der linken oberen Ecke. Wählen Sie die Statusmeldung durch Antippen aus und tippen Sie anschließend am unteren Bildrand auf *Löschen*.

Broadcasts erstellen, versenden und empfangen

Broadcasts (Android) bzw. Broadcast-Listen (iPhone) sind eine Art Mischung aus Chat und Gruppenchat: eine Nachricht, die Sie an mehrere Kontakte gleichzeitig verschicken.
Im Gegensatz zum Gruppenchat wissen die Empfänger aber nicht, welche weiteren Personen diese Nachricht erhalten haben.
Die Personen auf einer Broadcast-Liste können also nicht untereinander kommunizieren – Antworten auf einen Broadcast gehen nur an den Absender und nicht an andere Personen auf der Liste.

1 Rufen Sie den Tab *Chats* auf, um einen Broadcast bzw. eine Broadcast-Liste zu erstellen.

2 Tippen Sie auf Ihrem iPhone auf *Broadcasts* bzw. auf Ihrem Android-Smartphone auf *Menü* und *Neuer Broadcast*.

3 Das iPhone zeigt Ihnen nun eine Liste aller Broadcasts an (die anfangs noch leer ist) und bietet Ihnen am unteren Bildrand zusätzlich die Möglichkeit, eine neue Liste zu erstellen.

4 Nun sehen Sie die Liste aller WhatsApp-Kontakte, aus der Sie die Teilnehmer für den Broadcast durch Antippen auswählen.

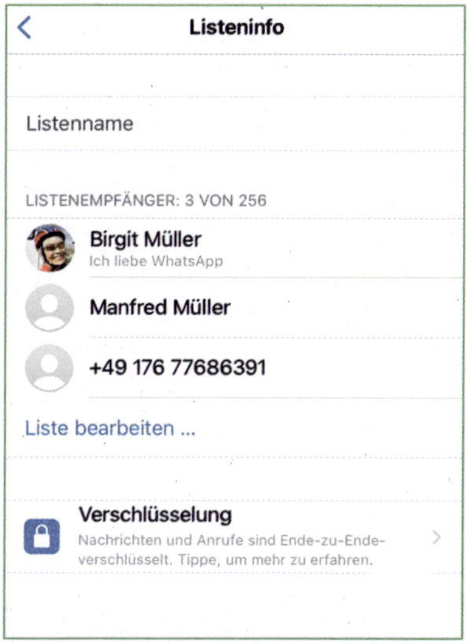

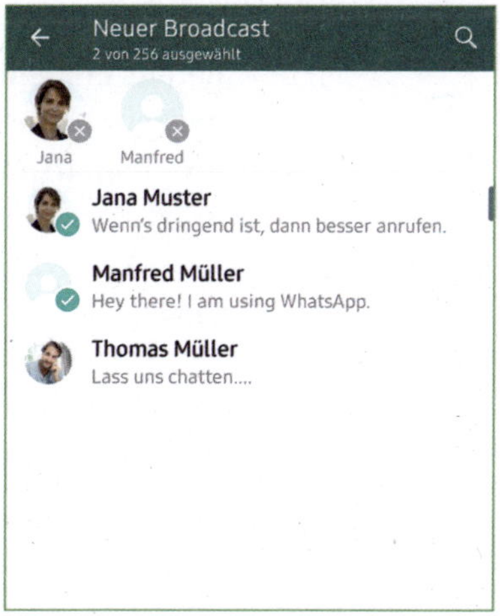

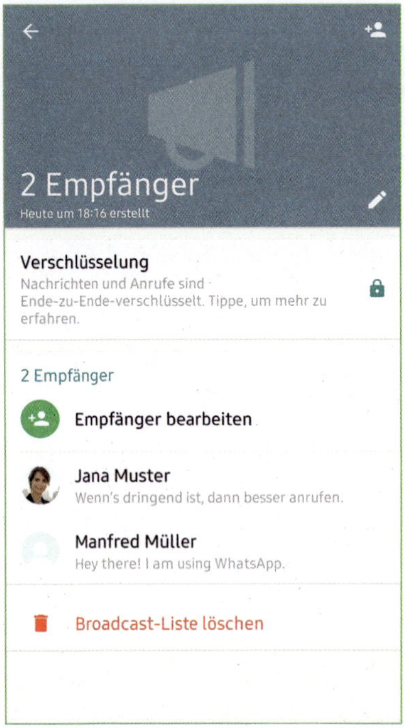

5 Bestätigen Sie die Auswahl über das *Häkchen* unten rechts (Android) oder *Erstellen* in der rechten oberen Ecke (iPhone).

6 Sie gelangen nun zur gewohnten Chat-Ansicht und können den ersten Broadcast verschicken.

7 Tippen Sie auf die Kopfzeile des Chats (unter Android steht dort die Zahl der Empfänger, auf dem iPhone müssen Sie zurück zur Übersicht der Broadcast-Listen und dann auf das *i*-Symbol rechts tippen), um sich die Broadcast-Infos anzeigen zu lassen.

8 Hier können Sie den Namen der Liste ändern, indem Sie unter Android auf das *Stift*-Symbol tippen und unter iOS auf *Listenname*.

9 Wie bei den Kontakt- und Gruppeninfos können Sie natürlich auch in den Broadcast-Infos die *Mitgliederliste bearbeiten*, neue *Mitglieder hinzufügen*, die *Liste löschen* oder als *Spam melden*.

Vorhandene Broadcasts ansehen

Bereits erstellte Broadcasts oder solche, in die Sie eingeladen wurden, sind eine Mischung aus Chat und Status. Sie werden auf Android-Smartphones und iPhones unterschiedlich behandelt.

► **Auf dem iPhone** rufen Sie die Broadcasts über den Button *Broadcasts* im Tab *Chats* auf. Er befindet sich dort oberhalb der Chats.

► **Unter Android** gibt es eine solche separate Liste für alle Broadcasts leider nicht. Dort finden Sie sie zwischen Ihren übrigen Chats in der regulären Chat-Übersicht – zu erkennen am *Flüstertüten*-Symbol.

Der kleine Emoji-Knigge

Viele der realistischeren (und eindeutigeren) Emojis gibt es in verschiedenen Hauttönen – erkennbar am kleinen grauen Keil unten rechts. Für die Auswahl drücken und halten Sie das Emoji-Bildchen.

	Spaß, Freude		Sich Sorgen machen
	Erleichterung		Sorge, kalter Schweiß
	Smiley, kleiner Scherz		Vor Wut schnaubend, wütend
	Lachen, bis Tränen kommen Sich vor Lachen kugeln		Schweigen, kein Kommentar
	Glück, Glücksgefühle		Schlafen, müde, pssst!
	Pfeifen, Küsschen, liebevoller Kuss		Mit offenem Mund starren bzw. staunen
	In Liebe entflammt		Ausgeknockt, haut mich um
	Umarmung (keine Abwehr)		Peinlich berührt, Oje!, Kichern
	Unschuld, Engel, selbstlose Tat		Nachdenklich, hinterfragend, Skepsis
	Leckeres Essen		Angstschrei, geschockt
	Quatsch machen		Missgeschick, Fettnäpfchen
	Geldgierig		Augenrollen, Überdruss
	Müde, erschöpft, resigniert		Lügner, Pinocchio-Nase
	Traurig, enttäuscht		Applaus (nicht beten), winken
	Trauer, Mitgefühl		
	Schlecht drauf		Häufchen Hundekot
	Den Tränen nahe, mit zitternden Lippen		Schneller Abgang mit Staubwolke
	Trauer, Tränen in Strömen		Wahnsinn! Party!
	Alles nochmal gut gegangen		
	Computer-Nerd und lässige Stimmung		Die drei weisen Affen: „Nichts sehen, nichts hören, nichts sagen." Hier: „Übersehen!", „Überhört!" oder „Huch!"

Datenschutz und Sicherheit

WhatsApp ist zwar kostenlos, die Nutzung der App bezahlen Sie aber mit Ihren Daten. Die eigentliche Kommunikation mit Familie und Freunden bleibt zwar vor WhatsApp verborgen, trotzdem erhält das Unternehmen viele wertvolle Daten. Was Sie gegenüber WhatsApp preisgeben und wie Sie dem Datenhunger Grenzen setzen, erfahren Sie in diesem Kapitel.

Die Ende-zu-Ende-Verschlüsselung

Die Verschlüsselung geschieht automatisch und im Hintergrund. Sie müssen nichts unternehmen, um die Verschlüsselung zu aktivieren. Sie ist per Voreinstellung bereits aktiv. Ende-zu-Ende-Verschlüsselung bedeutet, dass jegliche Kommunikation per WhatsApp auf Ihrem Smartphone vor dem Versand verschlüsselt und erst wieder auf dem Gerät des Empfängers entschlüsselt wird. Unverschlüsselt liegen Nachrichten also nur auf Ihrem Smartphone und dem Smartphone des Empfängers vor – sobald man eine Nachricht an WhatsApp übergibt, ist sie verschlüsselt.

WhatsApp stellt zwar die gesamte Technik zur Verfügung, der Schlüssel für die Kodierung wird jedoch auf Ihrem Smartphone beziehungsweise dem des Empfängers erzeugt. Weder WhatsApp noch jemand, der Ihre Kommunikation abhört, kann Ihre Nachrichten dekodieren, weil der Schlüssel fehlt – der sich ja nur auf Ihrem Smartphone befindet (und auf dem des Empfängers).

Prüfen, ob die Ende-zu-Ende-Verschlüsselung aktiv ist

Die Ende-zu-Ende-Verschlüsselung funktioniert allerdings nur, wenn beide Kommunikationspartner eine aktuelle WhatsApp-Ver-

sion einsetzen. Sie lässt sich in dem Fall auch nicht abschalten. Ob die Verschlüsselung aktiv ist, Ihr Gesprächspartner also eine aktuelle WhatsApp-Version installiert hat, können Sie prüfen:

1 Öffnen Sie die Chat-Übersicht durch ein Tippen auf *Chats*.

2 Tippen Sie den Chat an, dessen Verschlüsselungsstatus überprüft werden soll.

3 Tippen Sie oben auf den Namen des Kontakts für die Kontaktdetails. Beim Punkt *Verschlüsselung* sehen Sie den aktuellen Stand der Dinge zu diesem Thema. Im Idealfall steht hier: „Nachrichten in diesem Chat sowie Anrufe sind mit Ende-zu-Ende-Verschlüsselung geschützt."

Diese Information finden Sie in jedem Chat, auch in Gruppenchats. Wird ein Chat oder Gruppenchat neu begonnen, steht ganz oben noch einmal eine ähnliche Mitteilung zur Verschlüsselung angezeigt.

Verschlüsselung bestätigen

Sollte Ihnen diese Meldung als Bestätigung nicht ausreichen, bietet WhatsApp die Möglichkeit, die Verschlüsselung manuell zu überprüfen:

1 Öffnen Sie die Kontaktinfos eines Gesprächspartners, indem Sie im Chat-Verlauf in der Kopfzeile auf seinen Namen tippen.
2 Tippen Sie nun auf *Verschlüsselung*.
3 Es erscheinen ein QR-Code und darunter eine Zahlenfolge, die diesem QR-Code entspricht.
4 Wie unter der Zahlenfolge beschrieben, müssen Sie den Kontakt nun bitten, die obigen drei Schritte auf seinem Smartphone zu wiederholen.
5 Einer von ihnen muss nun auf *Code scannen* tippen.
6 Es aktiviert sich die Kamera.
7 Das Gerät mit aktiver Kamera muss nun so über das andere Smartphone gehalten werden, dass dessen QR-Code in der Kreismarkierung erscheint.
8 Die Kamera scannt den Code und liest aus diesem den Zahlencode aus.

9 Ist der Code korrekt, wird die Kamera geschlossen und es erscheint zur Bestätigung ein grünes Häkchen.

Wird die Überprüfung übrigens mit dem Gerät eines anderen Kontakts durchgeführt, meldet WhatsApp einen Fehler. Die persönliche Überprüfung gibt Ihnen also die Gewissheit, dass die Ende-zu-Ende-Verschlüsselung zwischen Ihrem Smartphone und dem Smartphone Ihres Kontakts funktioniert.
Grundsätzlich ist es nicht notwendig, diese Schritte durchzuführen – die Funktion richtet sich eher an Nutzerinnen und Nutzer mit einem erhöhten Sicherheitsbedürfnis. Diese müssen die manuelle Bestätigung wiederholen, sobald der Gesprächspartner sein Smartphone oder die Rufnummer wechselt.

App-Berechtigungen auf dem Smartphone einschränken

Sowohl Android als auch iOS auf dem iPhone erlauben es, Apps gezielt Berechtigungen zu erteilen oder zu entziehen. Auch bei WhatsApp ist das möglich.
Wollen Sie beispielsweise mit WhatsApp chatten, aber keinesfalls Fotos aus der App heraus aufnehmen, können Sie der App den Zugriff auf die (dann ohnehin nicht genutzte) Kamera Ihres Smartphones gezielt verbieten.

App-Berechtigungen unter Android

1 Öffnen Sie die *Einstellungen-App*.

2 Wählen Sie in den Einstellungen *Apps* und blättern dann zum Eintrag *WhatsApp*, den Sie durch Antippen öffnen.

3 Scrollen Sie nun nach unten zu den *Berechtigungen*. Ein Tippen darauf zeigt Ihnen an, welche Berechtigungen die App hat:

- **Kamera:** Bilder und Fotos aufnehmen.
- **Kontakte:** Die App darf auf dem Gerät nach Konten suchen, Kontakte lesen und ändern.
- **Mikrofon:** Sie darf auch Audio aufnehmen.
- **SMS:** WhatsApp empfängt unter Umständen SMS und darf SMS senden und abrufen.
- **Speicher:** Damit erhält WhatsApp Zugriff auf den Smartphone-Speicher, um Dateien zu lesen, zu bearbeiten und zu löschen. Auch die lokale Datensicherung benötigt diese Berechtigung.
- **Standort:** WhatsApp kann den ungefähren und den genauen Standort abrufen.
- **Telefon:** Diese Berechtigung lässt Sie mit mobilen Daten telefonieren (ohne Telefongebühr).

Für einige dieser Punkte stehen die Optionen *Nur während die App verwendet wird* und *Jedes Mal fragen* zur Auswahl. Bei den Kontakten kennt WhatsApp aber Zulassen oder Ablehnen. Tippen Sie oben rechts auf die *drei Punkte* und auf *Alle Berechtigungen*. Hier können Sie sich diese im Einzelnen anzeigen lassen und mit einem Tippen darauf mehr Informationen darüber erhalten, was die App genau darf.

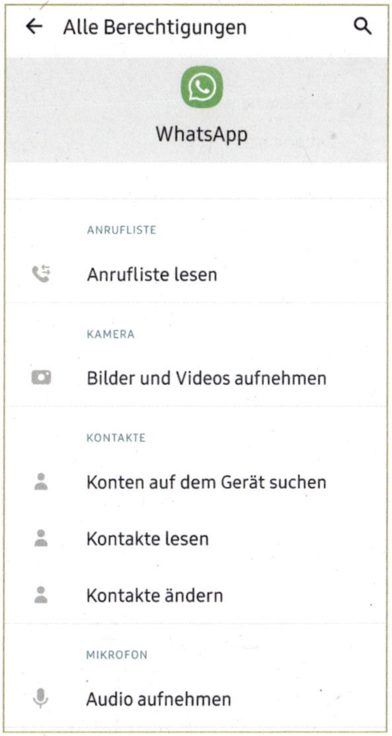

App-Berechtigungen auf dem iPhone

Auf Ihrem iPhone müssen Sie in der *Einstellungen-App* nach unten scrollen und den Eintrag *WhatsApp* aufrufen. Es öffnet sich eine Übersicht mit allen Berechtigungseinstellungen, die für WhatsApp angeboten werden.

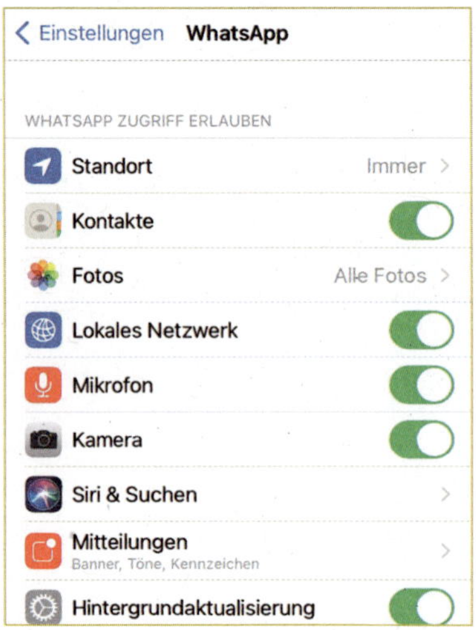

- **Standort:** Hier können Sie zwischen *Nie*, *Nächstes Mal fragen*, *Bei Verwenden der App* und *Immer* wählen. Beachten Sie die Erklärung von Apple, wonach diese Berechtigung für das Teilen des Live-Standorts auf *Immer* stehen muss.
- **Kontakte, Kamera, Mikrofon:** Die Berechtigungen können Sie jeweils durch Antippen des *Schiebereglers* aktivieren oder deaktivieren. Ohne die jeweilige Berechtigung steht die zugehörige Funktion nicht zur Verfügung.
- **Fotos:** Hier haben Sie die Wahl zwischen *Ausgewählte Fotos, Alle Fotos* und *Keine*.
- **Hintergrundaktualisierung:** Erlauben Sie WhatsApp, auch dann Nachrichten zu empfangen, wenn die App nicht geöffnet ist. Das bedeutet, dass Teile der App stets im Hintergrund mitlaufen und somit Strom und Daten verbrauchen. Neue Nachrichten empfängt WhatsApp aber auch dann im Hintergrund, wenn die Hintergrundaktualisierung deaktiviert ist.

Berechtigungen jederzeit wieder aktivierbar

Jede Berechtigung auf Ihrem iPhone bzw. Android-Smartphone wird für eine bestimmte Funktion benötigt. Schalten Sie Berechtigungen nur dann aus, wenn Sie sich sicher sind, dass Sie die zugehörige Funktion nicht verwenden wollen.

Kaputt machen können Sie hier aber nichts. Fehlt der Zugriff auf eine Berechtigung, arbeitet WhatsApp zwar eingeschränkt – in diesem Rahmen aber weiterhin fehlerfrei.

Sollte eine Berechtigung für eine Funktion fehlen, die Sie ausführen wollen, wird WhatsApp Sie darauf hinweisen. Sie können diese dann nachträglich immer noch aktivieren.

Was WhatsApp trotzdem über Sie weiß

Es gibt Dinge, die weiß WhatsApp so oder so über Sie. Zum Teil helfen hier auch keine Einschränkungen in den Berechtigungen:

- **Ihr Adressbuch** samt Telefonnummern, Profilbildern und die Profilinfo wird regelmäßig ausgelesen.
- **Nachrichten, Fotos, Videos und Statusmeldungen** werden 30 Tage (verschlüsselt) von WhatsApp gespeichert, falls sie nicht zugestellt werden können. Danach werden sie automatisch gelöscht.
- **Gruppen** inklusive deren Mitglieder und Broadcast-Listen werden auch gespeichert – jedoch nicht die Nachrichten der Gruppe oder die Inhalte der Broadcasts.
- **Nutzungs- und Verbindungsdaten** werden ebenfalls erfasst: Diagnose- und Absturzberichte, wie lange es dauert, bis die App startet, wie lange sie geöffnet ist und welche Funktionen wie häufig verwendet werden, das Betriebssystem, Mobilfunknetz und IP-Adresse.
- **Wann Sie online sind** und wann Sie zuletzt eine Statusmeldung aktualisiert haben, speichert WhatsApp ebenfalls.

Info

Werbung in WhatsApp: Der dafür benötigte Datenaustausch mit Facebook konnte von deutschen Datenschützern bisher erfolgreich unterbunden werden (Stand Juni 2021). Daher sind auch die aktuellen Nutzungsbedingungen kein Grund zur Aufregung – sie zielen vor allem auf WhatsApp for Business. Auch an der Verschlüsselung ändern sie nichts. Gewöhnen Sie sich trotzdem an den Gedanken, dass es in WhatsApp irgendwann Werbung gibt.

WhatsApp ohne Berechtigungen nutzen

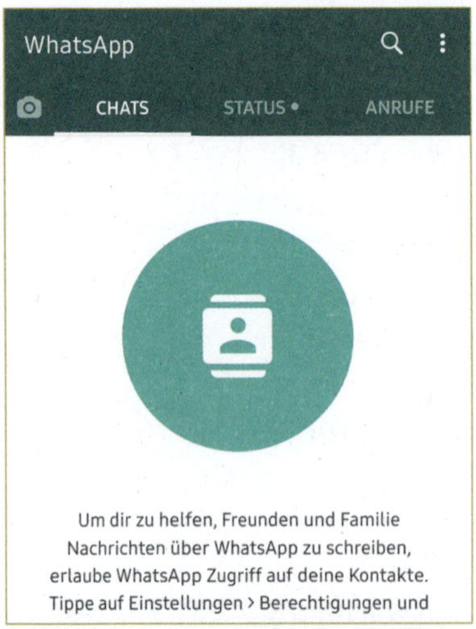

WhatsApp ohne Berechtigungen zu nutzen – theoretisch ist das möglich. So kann die App nicht länger auf private Dinge wie Ihre Fotos und Ihr Adressbuch zugreifen, der Funktionsumfang reduziert sich dadurch allerdings erheblich.
Auf dem iPhone bleiben der Versand von Chat-Nachrichten, Dokumenten und Orten auf einer Karte – jedoch müssen Sie Ihren Standort selbst auf der Karte finden. Als Statusmeldung sind nur Texte möglich. Alle anderen Kommunikationsmittel fehlen.
Android ist an der Stelle noch „gründlicher“: Chat-Nachrichten und Statusnachrichten in Textform können noch verschickt werden – mehr erlaubt Android ohne Berechtigungen nicht.

WhatsApp ohne Kontakte nutzen

Einen Sonderfall, der schon bei der Ersteinrichtung angesprochen wurde, stellt die Nutzung von WhatsApp ohne Berechtigung für den Zugriff auf die Kontakte dar.
Diese Option sollten Sie wählen, wenn Sie den Hinweis in den Datenschutzbestimmungen ernst nehmen, wonach Sie Ihre Kontakte zuerst fragen müssen, ob Sie deren Daten an WhatsApp übergeben dürfen.
So entschied das Amtsgericht Bad Hersfeld (Az. F120/17 EASO). Das Urteil ist rechtskräftig – nach

Ansicht von test.de ist die Gefahr, dass WhatsApp-Nutzer deswegen abgemahnt werden, derzeit allerdings nur theoretischer Natur.

Einschränkungen bei der Chat-Funktion

Nehmen wir also an, Sie haben dem Zugriff auf Ihre Kontakte tatsächlich widersprochen. In dem Fall können Sie die App wie gewohnt einrichten, aber selbst noch keine Nachricht schreiben.
Beim Tippen auf das Symbol für eine neue Chat-Nachricht verlangt WhatsApp nämlich den Zugriff auf die Kontakte. Auch die Option zum Hinzufügen eines Kontakts steht nicht zur Verfügung. Da Sie Ihre Kontakte ja nicht an WhatsApp übermitteln, kann die App auch nicht feststellen, welche Personen WhatsApp bereits verwenden. Ihr WhatsApp-Adressbuch ist dementsprechend leer.

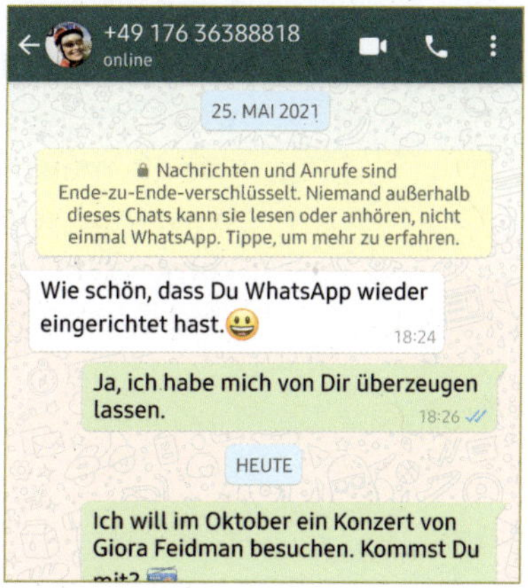

Da Sie sich aber mit Ihrer Telefonnummer bei WhatsApp registriert haben, tauchen Sie nun in den Adressbüchern der WhatsApp-Nutzerinnen und Nutzer auf, die Ihre Telefonnummer auf ihrem Gerät gespeichert haben. Eine dieser Personen muss Ihnen nun eine Nachricht schicken.

1 Tippen Sie auf den *Chat* in Ihrer Chat-Übersicht, um die Nachricht anzuzeigen.

2 Da sich der Absender nicht in Ihrem Adressbuch befindet, werden Sie gefragt, ob Sie die Nachricht als *Spam melden* oder den *Absender blockieren* wollen.

3 Wählen Sie stattdessen *Zu Kontakten hinzufügen*.

4 Sie müssen nun noch entscheiden, ob es sich um einen vorhandenen Kontakt oder einen neuen Kontakt handelt.

5 Möglicherweise verschwindet die Warnmeldung nicht augenblicklich, nachdem Sie den Kontakt hinzugefügt haben. Sobald Sie auf die Nachricht geantwortet haben, wird die Meldung jedoch ausgeblendet.

Alle weiteren Kontakte müssen Sie ebenfalls auf diese Art hinzufügen, sprich, Sie müssen sich von jeder Person, mit der Sie per WhatsApp kommunizieren wollen, zuerst anschreiben lassen.
Neue Nachrichten können Sie auch nur über den jeweiligen Chat verschicken – die Funktion *Neuer Chat* steht Ihnen weiterhin nicht zur Verfügung. Auch können Sie den Tab *Anrufe* nicht benutzen. Falls Sie mit einem Kontakt telefonieren wollen, ist der Umweg über den Chat notwendig – in der Kopfzeile finden sich neben dem Namen des Chat-Kontakts die Symbole für Sprach- und Videoanruf.

Fazit

Wer nur mit sehr wenigen Personen per WhatsApp kommunizieren will, kann auf die Berechtigung für Kontakte verzichten.
Für die meisten kommt dieses Vorgehen allerdings nicht infrage. WhatsApp scheint das „Verheimlichen" der Kontakte bewusst unkomfortabel zu gestalten – was auch verständlich ist, schließlich sind die Daten der Nutzer das größte Kapital des Unternehmens.

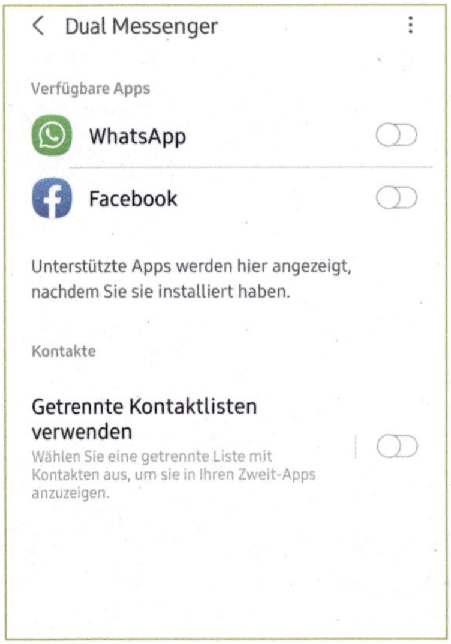

Die Zwischenlösung: Dual-Messenger

Inzwischen bieten einige Android-Hersteller, darunter Samsung, Huawei, Xiaomi und OnePlus, eine Zwischenlösung an, die sich Dual-Messenger, App Twin oder Parallele Apps nennt – allerdings nur für bestimmte Smartphones. Dabei wird eine exakte Kopie der WhatsApp-App in einem isolierten Bereich des Betriebssystems erstellt. WhatsApp „weiß" deswegen nichts von dieser Kopie, was die Nutzung von zwei Konten ermöglicht.
Bei Samsung bietet das zweite Konto einen Vorteil: Man kann bei der Einrichtung festlegen, ob dem zweiten Konto das gesamte Adressbuch oder nur einzelne Kontakte zur Verfügung ste-

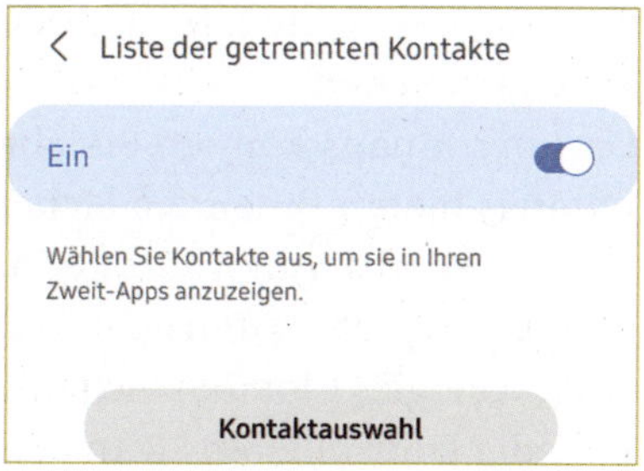

hen. So kann man WhatsApp jegliche Berechtigungen gewähren, aber eben ein Adressbuch anlegen, das nur die WhatsApp-Kontakte enthält.
Die Funktion finden Sie in der Regel in der *Einstellungen-App*. Die getrennten Kontakte unterstützen zahlreiche Samsung-Smartphones und Tablets vom Galaxy J7 (2017) bis hin zum Galaxy S21.
Es gibt auch Apps von Drittanbietern, die eine ähnliche Funktion zur Verfügung stellen. Zur Lösung des Datenschutzproblems sind sie jedoch nicht geeignet – um das Telefonbuch für WhatsApp filtern zu können, muss man diesen Apps nämlich die Berechtigung für den Zugriff auf die Kontakte erteilen. Das rechtliche Problem würde also nur von einem Anbieter auf den anderen verlagert.

Datensicherung

Auch wenn WhatsApp viel unternimmt, um Ihre Daten vor unbefugten Zugriffen zu schützen – um einen Aspekt müssen Sie sich selbst kümmern: die Datensicherung.
Auf den Servern von WhatsApp befinden sich nur wenige Informationen, allen voran Ihr WhatsApp-Profil und Ihre Gruppen – von Letzteren merkt sich WhatsApp allerdings nur die Namen und Mit-

glieder. Nachrichten, Fotos, Videos und Dateien werden allenfalls lokal gespeichert.
Darüber hinaus können Sie aber eine Datensicherung erstellen. iPhones bieten Ihnen die Sicherung in iCloud an, Apples Cloud-Speicherdienst. Auf Android-Smartphones haben Sie zwei Optionen: eine lokale Datensicherung und eine Sicherung auf Google Drive, Googles Cloud-Speicherdienst. Die Datensicherung aktivieren oder kontrollieren Sie in den *Einstellungen* der WhatsApp-Anwendung unter dem Punkt *Chats*.

Datensicherung aktivieren auf Android-Smartphones

Wählen Sie unter *Einstellungen > Chat* den Punkt *Chat-Backup*. Ab Werk ist das lokale Backup aktiviert, das laut WhatsApp jeden Morgen um 2 Uhr durchgeführt wird. Darüber hinaus können Sie Ihre Daten, wie gesagt, auch auf Google Drive ablegen:

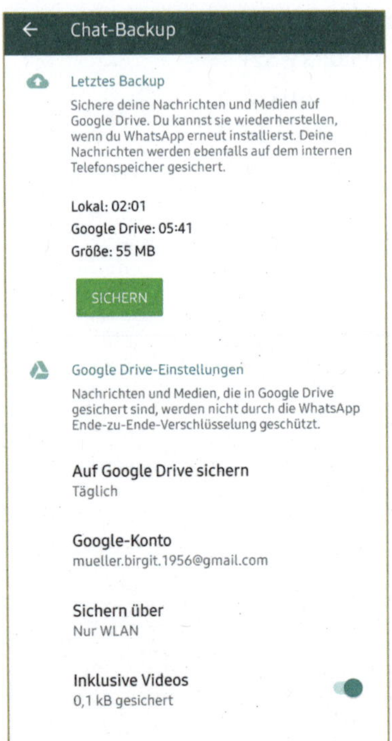

1 Tippen Sie auf *Auf Google Drive sichern*, um ein Sicherungsintervall festzulegen. Je häufiger Sie mit WhatsApp kommunizieren und je wichtiger Ihnen diese Daten sind, desto kürzer sollte das Intervall sein.

2 Tippen Sie auf *Konto*, um ein Google-Konto für die Sicherung zu bestimmen. Sie können das Google-Konto nehmen, das bereits auf Ihrem Android-Smartphone hinterlegt ist, oder auch ein anderes.

3 Nun sollten Sie festlegen, ob die Sicherung nur über WLAN oder auch über die mobile Datenverbindung erfolgt. Das hängt letztlich von Ihrem Sicherheitsbedürfnis, der Menge der zu sichernden Daten und der Verfügbarkeit einer WLAN-Verbindung ab. Für die meisten sollte jedoch die Einstellung *Nur WLAN* die beste sein.

4 Legen Sie anschließend noch fest, ob Videos auch gesichert werden sollen. Sie sind standardmäßig nicht in der Sicherung enthalten, weil sie meist sehr groß sind und von daher viel Speicherplatz in der Cloud belegen, den Sicherheitsvorgang verzögern können und natürlich – falls so konfiguriert – das vertragliche Datenvolumen sehr stark belasten.

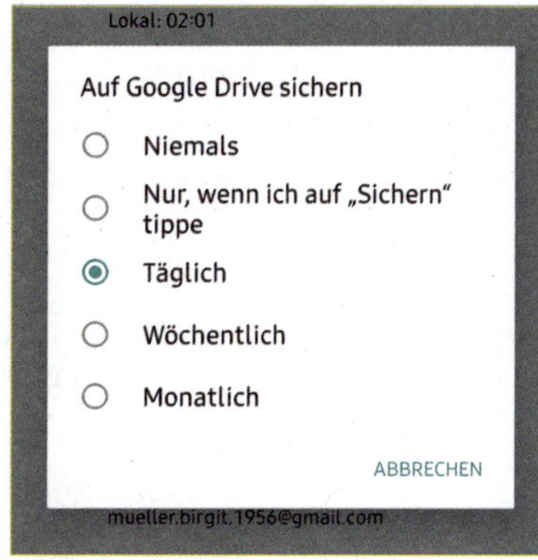

5 Tippen Sie auf die grüne Schaltfläche *Sichern*, um manuell eine Sicherung zu starten. Dadurch wird die lokale Datensicherung und, sollte es eingestellt sein, auch die Cloud-Sicherung gestartet.

6 Ganz oben in den *Backup-Einstellungen* wird Ihnen nun angezeigt, wann zuletzt in der Cloud oder lokal gesichert wurde und wie groß die Datensicherung ist.

Datensicherung aktivieren auf dem iPhone

Auch auf Ihrem iPhone finden Sie in den Chat-Einstellungen den Punkt *Chat-Backup*. Im Gegensatz zur Android-Version sichert WhatsApp für iOS Ihre Daten nur in der Cloud. Und Sie können kein Sicherungskonto auswählen, WhatsApp nutzt automatisch die Apple ID Ihres iPhones.
Mit Tippen auf *Autom. Backup* stellen Sie ein, wie häufig Ihre Daten gesichert werden: täglich, wöchentlich oder monatlich. In den meisten Fällen sollte eine tägliche Sicherung die beste Wahl sein.
Sie können die Sicherung an dieser Stelle aber auch ausschalten. Außerdem müssen Sie entscheiden, ob Videos mitgesichert werden. Denken Sie daran, dass Videos viel Speicherplatz be-

nötigen und zumindest der kostenlose Speicher auf iCloud auf 5 GB begrenzt ist. Videos belasten Ihr vertragliches Datenvolumen unter Umständen sehr stark, falls die Sicherung auf iCloud auch über das Mobilfunknetz erfolgt.

Kontrollieren Sie dies in den Einstellungen Ihres iPhones:
1 Öffnen Sie die *Einstellungen-App*.
2 Wählen Sie *Mobiles Netz*.
3 Scrollen Sie nach unten bis zum Eintrag *iCloud Drive*.
4 Schalten Sie den Regler auf *Aus*, um zu verhindern, dass Daten über das Mobilfunknetz auf iCloud gesichert werden. Diese Einstellung sollte für alle geeignet sein, die regelmäßig (beispielsweise täglich) Zugriff auf ein WLAN haben. Wer selten WLAN nutzt und zugleich eine Datenflatrate mit einem sehr großen Datenvolumen hat, kann überlegen, diese Option zu aktivieren.
5 Abschließend können Sie zu den Backup-Einstellungen von WhatsApp zurückkehren und durch Tipp auf *Backup jetzt erstellen* eine manuelle Datensicherung anstoßen.

Nachteile der Datensicherung in der Cloud

Einen Haken hat die Datensicherung in der Cloud, worauf WhatsApp auch in den Datensicherungseinstellungen aufmerksam macht: Auf den Servern von Apple und Google greift WhatsApps Datenverschlüsselung nicht.
Die Ende-zu-Ende-Verschlüsselung deckt nur den Weg von einem Smartphone zum anderen ab. Selbstverständlich überträgt WhatsApp die Daten über eine verschlüsselte Verbindung auf die Server von Apple und Google, damit Ihre Datensicherung „unterwegs“ nicht abgefangen und der Inhalt gelesen werden kann.
Genauso selbstverständlich übernimmt WhatsApp keine Verantwortung dafür, wie Apple und Google mit Ihren Daten umgehen. Dort sollen zumindest Teile des Backups – Nachrichten, jedoch keine Mediendateien – in verschlüsselter Form gespeichert sein. Be-

kannt ist jedoch auch, dass diese Verschlüsselung, im Gegensatz zur Ende-zu-Ende-Verschlüsselung der WhatsApp-App, zumindest von bestimmten Sicherheitsanbietern im Auftrag von Behörden geknackt werden kann.

Manuelle Datensicherung: Export eines Chats

Eine Alternative zur Datensicherung ist der Export eines Chats. Dabei werden alle Nachrichten – und auf Wunsch auch die zugehörigen Medien wie Fotos und Videos – exportiert.
Wichtig: Es gibt keine Importfunktion! Der Chat-Export ist also keine direkte Alternative zum Backup. Zudem liegen die Chats nur als Textdateien vor, die jedoch auf jedem PC oder Mac gelesen werden können.

1 Unter Android tippen Sie im Menü auf *Einstellungen > Chats > Chatverlauf*, um einen Chat zu exportieren.
2 Auf Ihrem iPhone gehen Sie in die Chat-Übersicht, wischen über den Chat nach links, um dann *Mehr* und *Chat exportieren* anzuwählen.
3 Entscheiden Sie nun, ob nur Nachrichten oder auch Medien exportiert werden sollen.
4 Die Export-Datei können Sie sich beispielsweise per E-Mail auf Ihren PC schicken oder per WhatsApp weiterleiten.

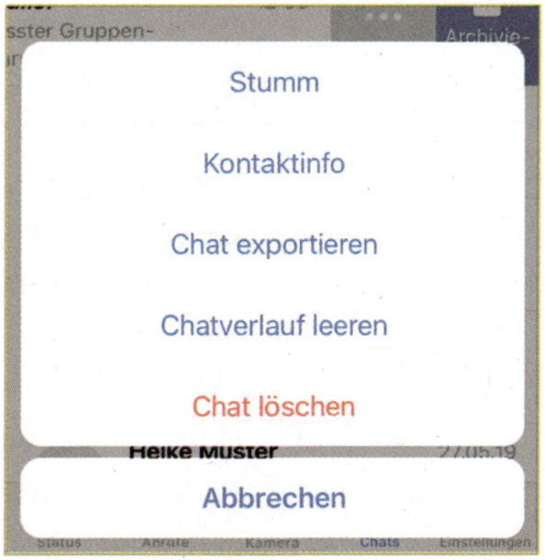

Unter Android stehen Ihnen auch Optionen wie die Speicherung in Microsoft OneDrive und Google Drive zur Verfügung – jedoch nicht in einem lokalen Ordner auf Ihrem Smartphone.
iPhone-Besitzer wählen bevorzugt die Option *In Dateien sichern*, worüber sie Zugriff auf Apples Cloudspeicher iCloud erhalten.

Wiederherstellung der Daten aus Backup

Jede Sicherung ist nur so gut wie die Datenrücksicherung – also der Zeitpunkt, an dem Sie im Ernstfall Ihre Daten aus einer Sicherung wiederherstellen wollen. Diese steht leider nur im Rahmen der Neuinstallation der App zur Verfügung. Sollten Sie Ihren WhatsApp-Datenbestand also aus irgendeinem Grund auf einen früheren Stand zurücksetzen wollen, müssen Sie die App deinstallieren und erneut installieren.

WhatsApp erkennt während der Ersteinrichtung, dass Sie die App bereits genutzt haben und bietet Ihnen dann automatisch an, die in der Cloud (iCloud oder Google Drive) gespeicherten Daten zurückzusichern. Es steht Ihnen allerdings nur der letzte gesicherte Datenbestand zur Verfügung. Wann zuletzt gesichert wurde, sehen Sie unter *Einstellungen > Chats > Chat-Backup*. Dort wird auch angezeigt, wie groß die aktuelle Sicherung in etwa ist.

Umzug auf ein anderes Telefon

Die Datenrücksicherung kommt auch beim Wechsel des Telefons zum Einsatz. Vorher sollten Sie zur Sicherheit über die Chat-Einstellungen Ihre Daten sichern (siehe „Datensicherung", S. 95). Achten Sie darauf, dass Sie, zumindest für den Umzug, auf Ihrem Android die Sicherung auf Google Drive aktivieren – die lokale Sicherung steht Ihnen auf Ihrem neuen Telefon nicht zur Verfügung.

Auf dem neuen Telefon, egal ob Android oder iPhone, müssen Sie dann während der Ersteinrichtung lediglich die angebotene Option zur Rücksicherung Ihrer Daten nutzen. WhatsApp stellt übrigens zuerst die Nachrichten wieder her und lädt erst anschließend im Hintergrund die Mediendateien wie Fotos und Videos herunter.

Wechsel von Android zu iPhone – oder umgekehrt

Hier schwächelt WhatsApp leider sehr. Es gibt keine offiziell unterstützte Möglichkeit, ein Android-Backup auf ein iPhone zu übertragen – oder umgekehrt.

Die Software von Drittanbietern ist zumindest eingeschränkt in der Lage, den Chatverlauf von Android zu iPhone und umgekehrt zu übertragen. Diese Lösungen sind jedoch kostenpflichtig – und lassen all Ihre Daten durch die Hände Dritter laufen.
Die Funktion ist Gerüchten zufolge jedoch in Arbeit. Sie soll zusammen mit der Option, WhatsApp auf mehreren Smartphones gleichzeitig einzusetzen, eingeführt werden.

Bei Bedarf: WhatsApp-Backup auf Google Drive löschen

Sollten Sie unter Android das Cloud-Backup nur für den Umzug auf ein neues Gerät aktiviert haben, können Sie das WhatsApp-Backup nach erfolgreicher Rücksicherung auf Google Drive löschen.

1 Öffnen Sie dazu drive.google.com auf einem PC oder Mac im Browser und melden Sie sich mit dem Google-Konto an, das Sie auch für die WhatsApp-Sicherung verwenden.

2 Tippen Sie anschließend in der Menüleiste am linken Rand auf *Sicherungen*. Hier finden Sie sowohl die Sicherungen, die Google von Ihrem Smartphone erstellt, als auch die WhatsApp-Sicherung.

3 Wählen Sie die Sicherung durch Antippen aus. Oben rechts sollte nun ein *Papierkorb* angezeigt werden.

4 Ein Klick auf das *Papierkorb*-Symbol löscht die Sicherung.

Telefonnummer wechseln

WhatsApp ist auch darauf vorbereitet, dass Sie einen neuen Mobilfunkvertrag abschließen und Ihre alte Rufnummer nicht mitnehmen oder aus einem anderen Grund die dem WhatsApp-Konto zugeordnete Rufnummer ändern wollen.

1 Legen Sie zuerst die neue SIM-Karte in Ihr Handy ein.

2 Stellen Sie sicher, dass Sie weiterhin mit der alten Rufnummer auf dem Handy verifiziert sind – das ist dadurch gewährleistet, dass Sie die alte Karte nicht in ein anderes Smartphone einlegen. Bei einigen Smartphone-Modellen können Sie übrigens die SIM-Karte nur wechseln, wenn das Gerät ausgeschaltet ist.

3 Öffnen Sie die *Einstellungen* der WhatsApp-Anwendung.
4 Tippen Sie auf *Account* zum Bearbeiten der Kontoeinstellungen.
5 Hier finden Sie den Eintrag *Nr. ändern*.
6 WhatsApp informiert Sie anschließend kurz über die Folgen der Nummernänderung. Dadurch werden alle Daten, die bisher Ihrer alten Rufnummer zugeordnet waren, auf die neue Nummer übertragen. Sie sind also nach Abschluss des Vorgangs nur noch unter der neuen Nummer erreichbar. Personen, die die neue Nummer nicht haben, können nicht mehr mit Ihnen kommunizieren. Auch lässt sich der Vorgang nicht rückgängig machen – Sie müssten ihn stattdessen wiederholen.
7 Geben Sie nun die alte Telefonnummer ein, mit der Sie derzeit noch verifiziert sind, und darunter die neue Telefonnummer. Über diese müssen bereits SMS-Nachrichten empfangen werden können.
8 Anschließend werden Sie aufgefordert, die neue Telefonnummer zu verifizieren. Dafür müssen Sie den sechsstelligen Code, den Ihnen WhatsApp an die neue Nummer schickt, in den Verifizierungsdialog eingeben.

9 Wird der Code akzeptiert, ist die Rufnummernänderung abgeschlossen.

Info

Verifizierung der neuen Rufnummer: Haben Sie vor, Telefon und Rufnummer zu wechseln, sollten Sie zuerst die neue Telefonnummer auf dem alten Smartphone verifizieren und danach die Rufnummer ändern. Falls Ihnen Ihr Telefon durch Verlust, Diebstahl oder Defekt abhandengekommen ist und Sie mit dem neuen Gerät auch die Rufnummer wechseln, müssen Sie für eine Rücksicherung Ihrer Daten immer beim alten Mobilfunkanbieter eine neue SIM-Karte bestellen. Nur die bisherige Telefonnummer erlaubt die Rücksicherung der Daten. Erst danach können Sie die Rufnummer wechseln.

WhatsApp mit Festnetznummer nutzen

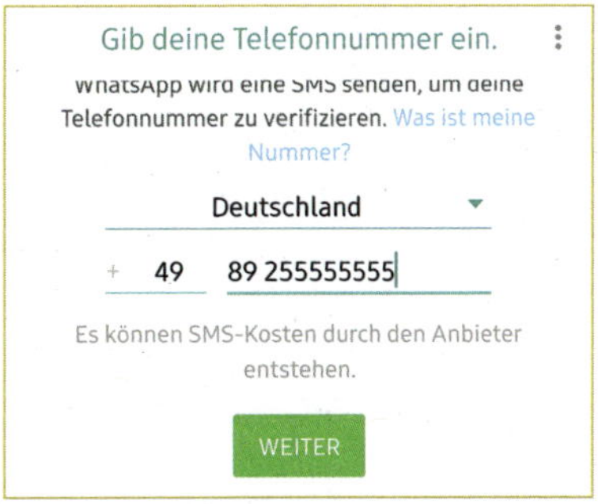

WhatsApp lässt sich grundsätzlich nur mit einer Telefonnummer nutzen, da die Verifizierung Ihres Kontos nur per Telefon erfolgt. Allerdings muss dies nicht zwingend eine Handynummer sein – Sie können bei der Registrierung auch eine Festnetznummer angeben.

Generell gehen Sie genauso vor, als würden Sie eine Mobilfunknummer verwenden. Geben Sie während der Verifizierung einfach Ihre Festnetznummer – bestehend aus Vorwahl und Anschlussnummer ohne die führende Null – ein. WhatsApp schickt Ihnen anschließend eine SMS zu.

Ältere Festnetztelefone unterstützen die SMS-Funktion nicht immer – oder vielleicht haben Sie bei Ihrem Anbieter hinterlegt, dass Sie keine SMS über das Festnetz erhalten wollen.

In dem Fall bietet Ihnen der Verifizierungsdialog eine Alternative: Tippen Sie unterhalb des Eingabefelds für den sechsstelligen Zahlencode auf *Mich anrufen*. Kurz darauf sollte Ihr Festnetztelefon klingeln. Sobald Sie das Gespräch annehmen, sagt eine Computerstimme den sechsstelligen Zahlencode, den Sie in Ihr Smartphone eingeben müssen, immer wieder an.
Mit Eingabe der sechsten Ziffer ist Ihr Telefon nun für die Verwendung von WhatsApp mit einer Festnetznummer verifiziert.

→ Verifizierte Nummer bedeutet nicht aktive Nummer

Sie können WhatsApp zwar immer nur mit einer Telefonnummer und auch nur auf einem Gerät verwenden, die Telefonnummer muss aber nicht auf dem Gerät aktiv sein, auf dem Sie WhatsApp nutzen.

Es ist also möglich, für die Verifizierung eine zweite Handynummer zu verwenden. Rufnummer A wäre dann die Nummer der SIM-Karte in Ihrem Handy, und WhatsApp wäre mit Rufnummer B – gern auch einer Festnetznummer – verifiziert.

Auf diese Art können Sie WhatsApp auch auf einem Tablet nutzen, das keine eigene Mobilfunkverbindung hat. Allerdings gibt es bisher nur für Android-Tablets eine WhatsApp-Version – für iPads gibt es nur WhatsApp Web.

WhatsApp-Konto löschen

Sollten Sie sich irgendwann doch gegen WhatsApp entscheiden, können Sie selbstverständlich Ihr Konto auch löschen. WhatsApp entfernt daraufhin Folgendes:

- **Ihr Konto aus der Datenbank:** Nutzer, die Ihre Telefonnummer haben, sehen Sie anschließend nicht mehr in ihrem WhatsApp-

Adressbuch. Auch Ihre Profildaten wie das Profilfoto verschwinden unwiderruflich.

- **Chat-Verlauf:** Alle Nachrichten, die lokal auf Ihrem Gerät gespeichert sind, werden gelöscht. Das gilt auch für noch nicht zugestellte Nachrichten, die eventuell noch auf den Servern von WhatsApp liegen.
- **Gruppen:** WhatsApp speichert auf seinen Servern die Namen Ihrer Gruppen und die Mitglieder. Auch diese Daten werden gelöscht.
- **Cloud-Backup:** Sollten Sie eine Cloud-Sicherung eingerichtet haben, werden diese Daten ebenfalls von Apples (für iPhones) bzw. Googles Servern (für Android-Smartphones) getilgt.

Wichtig: Die Kopie Ihres Telefonbuchs verbleibt jedoch auf den Servern von WhatsApp und ist weiterhin ein Bestandteil des riesigen, weltumspannenden WhatsApp-Adressbuchs.

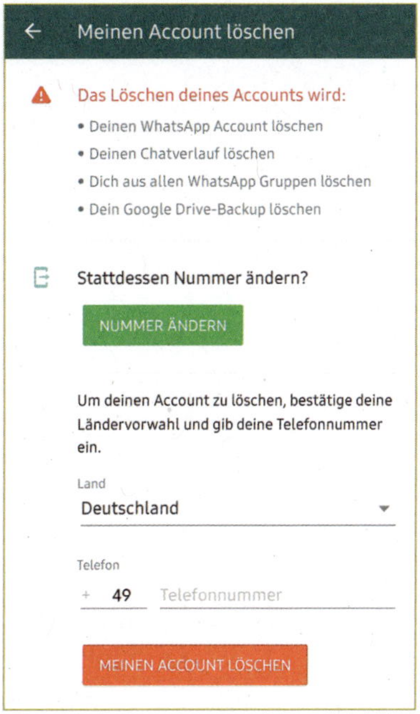

So löschen Sie Ihr WhatsApp-Konto

1 Sie finden die Funktion in WhatsApp unter *Einstellungen > Account > Meinen Account löschen*.

2 Geben Sie hier die Telefonnummer ein, die Sie bei der Verifizierung benutzt haben, und tippen Sie auf *Meinen Account löschen*. Das startet den Löschvorgang.

3 Anschließend können Sie die App nicht mehr nutzen – außer, Sie richten sie erneut ein. Sollten Sie dabei den Namen und die Telefonnummer verwenden, die Sie zuvor hinterlegt hatten, stehen Ihnen die Daten des alten Kontos dennoch nicht mehr zur Verfügung.

WhatsApp weist zudem darauf hin, dass Sie Ihr Konto nur aus der App heraus löschen können. Sollten Sie WhatsApp also deinstallieren und Ihr Konto erst zu einem späteren Zeitpunkt löschen wol-

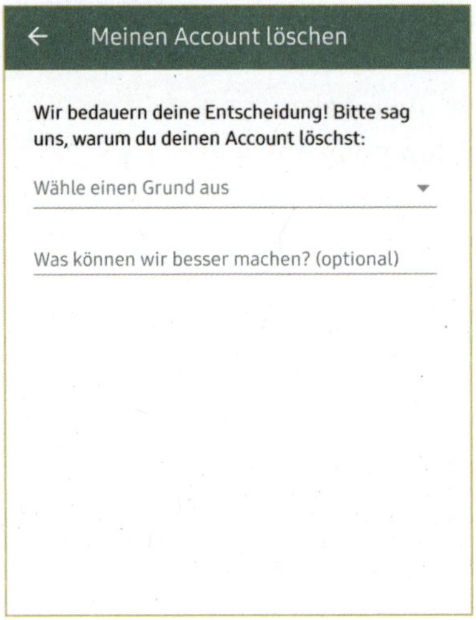

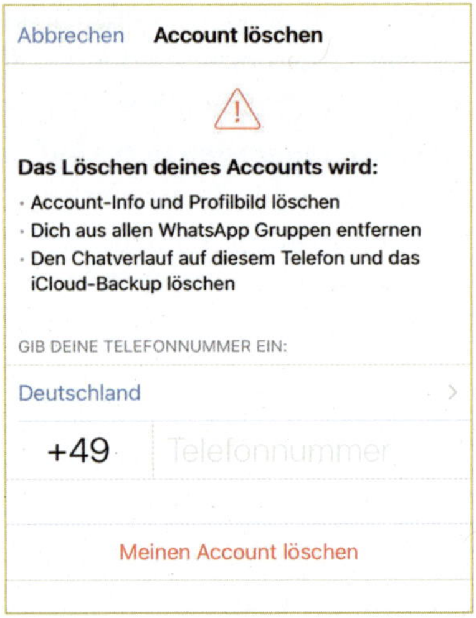

len, müssen Sie WhatsApp zuerst wieder installieren und einrichten. Sollten Sie in dieser Situation keinen Zugriff mehr auf die Telefonnummer haben, mit der Ihr Konto verifiziert wurde, ist eine Löschung Ihres Kontos nicht möglich.

Im Umkehrschluss bedeutet das: Wer immer Zugriff auf Ihre Handynummer hat – vor allem SMS damit empfangen kann –, hat auch die Kontrolle über Ihr WhatsApp-Konto inklusive aller Inhalte.

Sechs eigene Vorkehrungen für mehr Datenschutz

WhatsApp mag eine Herausforderung für Nutzerinnen und Nutzer sein, die Wert auf den Schutz ihrer persönlichen Daten legen. Letztlich entscheiden Sie aber selbst, ob Sie nur die unbedingt not-

wendigen Dinge über sich preisgeben oder sich selbst nicht nur gegenüber WhatsApp, sondern auch Ihren Kontakten gegenüber zu einem gläsernen Menschen machen. Zumal die einzig wirkungsvolle Maßnahme ein Verzicht auf die gesamte digitale Welt wäre, was meist nicht die beste Lösung ist.
Es gilt also, den besten Kompromiss zwischen den sich bietenden Vorteilen und Möglichkeiten im Vergleich zu den Risiken in Sachen Datenschutz und Privatsphäre zu finden. Die folgenden fünf Tipps lassen sich leicht umsetzen, ohne viel an digitalem Komfort zu verlieren.

1. Die Datenschutzeinstellungen von WhatsApp nutzen

Auch wenn Sie den Nutzungsbedingungen und Datenschutzbestimmungen nicht widersprechen können – andernfalls könnten Sie WhatsApp nicht nutzen –, haben Sie doch an einigen Stellen die Möglichkeit, den Datenaustausch mit WhatsApp einzuschränken.
Denn WhatsApp selbst bietet einen eigenen Menüpunkt zum Thema Datenschutz an. Sie finden ihn unter *Einstellungen > Account > Datenschutz*.

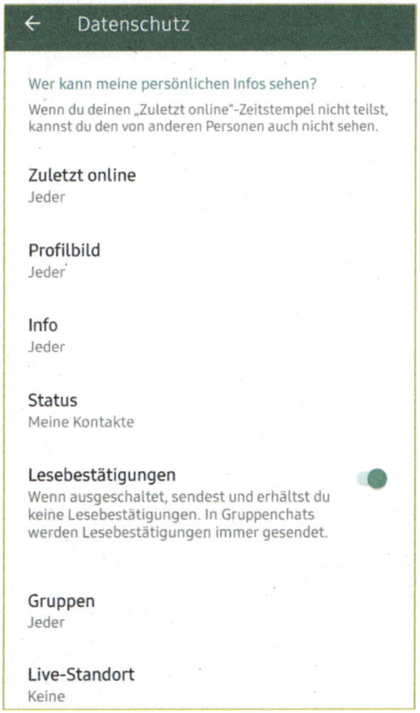

Hier haben Sie folgende Einstellungsmöglichkeiten:

- **Zuletzt online:** Wenn Sie einen Chat mit einer Person begonnen haben, sehen Sie innerhalb des Chats, wann diese Person zuletzt online war. Ihr Gegenüber sieht aber ebenso, wann Sie zuletzt online waren. Stellen Sie ein, wer sehen darf, wann Sie zuletzt online waren. Hier sollten Sie *Meine Kontakte* wählen, außer Sie wollen, dass WhatsApp-Nutzerinnen und Nutzer weltweit diese Information erhalten.

▶ **Profilbild und Info:** Auch hier bleibt Ihnen die Wahl zwischen den Optionen *Jeder*, *Meine Kontakte* und *Niemand*.

▶ **Status:** Statusmeldungen (siehe „Zusatzfunktionen", S. 76) gehen ab Werk automatisch an alle Kontakte. Hier können Sie nun entweder bestimmte Kontakte ausnehmen oder den Versand der Statusmeldungen auf wenige Kontakte beschränken. Es öffnet sich bei beiden Optionen die Liste Ihrer Kontakte, in der Sie durch Antippen Ihre Auswahl treffen.

▶ **Live-Standort:** Auch hier gibt es die oben erwähnten Optionen zur Einschränkung der Empfänger – sofern Sie gerade einen Live-Standort teilen.

→ Onlinestatus einschränken gilt für beide Seiten

Denken Sie daran: Falls Sie Ihren Onlinestatus einschränken, können Sie auch den Onlinestatus anderer nicht mehr sehen. Durch diese Einschränkung will WhatsApp seine Nutzer motivieren, ihren Status jederzeit verfügbar zu machen. Falls Sie die Einstellung **Meine Kontakte** wählen, sehen Sie zumindest noch den Onlinestatus der Personen in Ihrem Adressbuch.

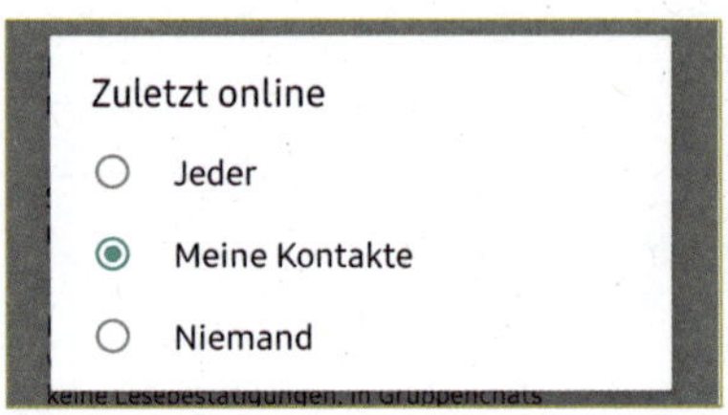

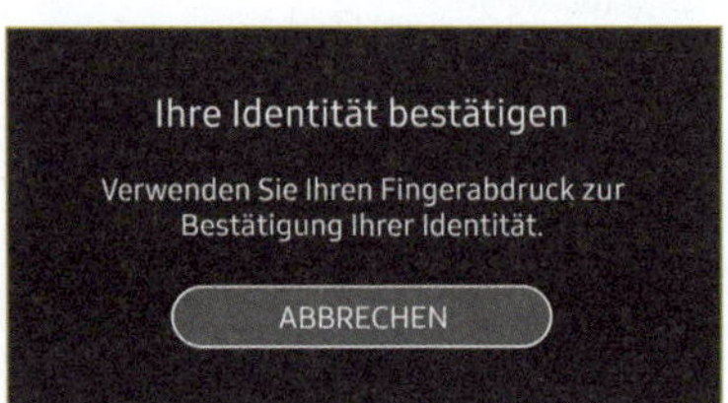

2. WhatsApp per Biometrie schützen

In den Datenschutzeinstellungen Ihres WhatsApp-Accounts lässt sich auch ein biometrisches Merkmal aktivieren.

Ist die Bildschirmsperre aktiviert, kann die App dann nur per Fingerabdruck (Android, iPhone mit

Touch ID) oder Gesichtserkennung (iPhone mit Face ID) entsperrt bzw. geöffnet werden.

1 Tippen Sie in den Datenschutzeinstellungen unter Android auf Fingerabdruck-Sperre und auf Ihrem iPhone auf Bildschirmsperre.

2 Aktivieren Sie die Sperrfunktion und legen Sie fest, ob die Sperre sofort greift oder erst mit einer zeitlichen Verzögerung.

3 Künftig zeigt Ihnen WhatsApp dann bei jedem Start einen Sperrbildschirm an, bei dem Sie sich verifizieren müssen, bevor Sie auf Ihre Nachrichten zugreifen können.

3. Pop-up-Benachrichtigung deaktivieren

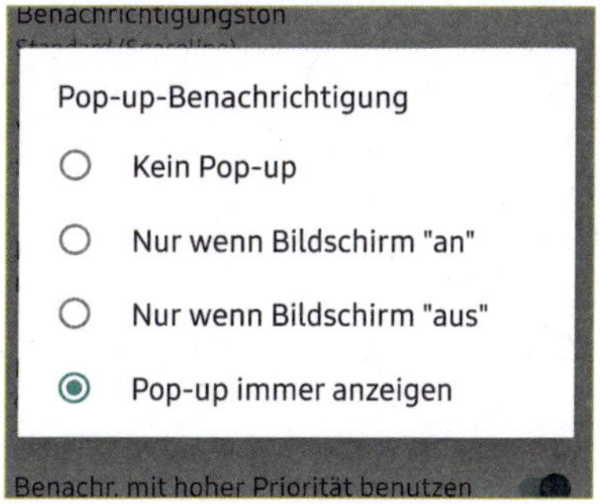

WhatsApp ermöglicht es Ihnen, Nachrichten als Pop-up anzeigen zu lassen. Diese tauchen dann aus dem Nichts auf, selbst wenn Ihr Smartphone gerade gesperrt und der Bildschirm dunkel ist. Eine gut gemeinte Funktion, wenn man immer sofort wissen will, was los ist. Andererseits können solche Nachrichten nicht nur nerven, auch Fremde können die Nachricht mit einem Blick über die Schulter mitlesen.

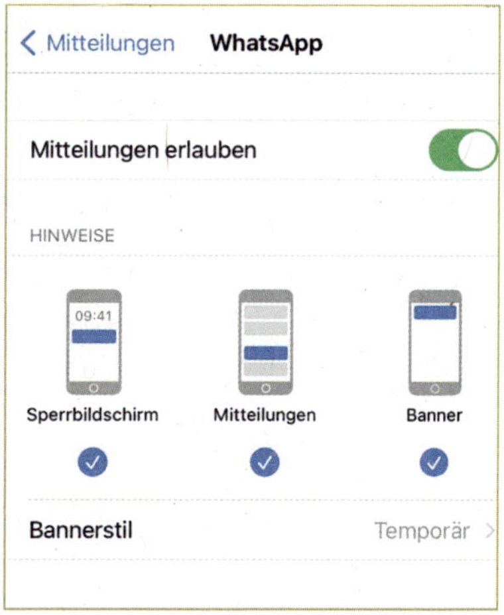

Diese Pop-up-Benachrichtigung können Sie einfach konfigurieren oder ganz deaktivieren:

▶ **Unter Android (nur bis Version 9):** Gehen Sie in WhatsApp auf *Einstellungen > Benachrichtigungen*. Tippen Sie auf *Pop-up-Benachrichtigung*. Im auftauchenden Menü haben Sie die Wahl, ob das Pop-up gar nicht kommen soll, nur wenn Ihr Bildschirm „an" ist, nur wenn er „aus" ist oder ob es immer erscheinen soll. Tippen Sie auf die gewünschte Option. Darunter, auf Höhe von Gruppenbenachrichtigungen, können Sie die gleiche – oder eine davon abweichende – Einstellung vornehmen.

▶ **Auf dem iPhone:** Hier finden Sie die Option nicht direkt in WhatsApp. Gehen Sie zu den *iPhone-Einstellungen* und hier auf *Mitteilungen > WhatsApp*. Entscheiden Sie, ob eine Nachricht im Sperrbildschirm, im Verlauf (mit anderen Nachrichten) als Banner sowie temporär oder dauerhaft angezeigt werden soll.

→ Pop-up heißt nicht „gelesen"

Als Lesebestätigung gilt die als Pop-up aufgetauchte Nachricht nicht. Ihr Gegenüber sieht die zwei blauen Häkchen also erst, wenn Sie die Nachricht innerhalb von WhatsApp öffnen.

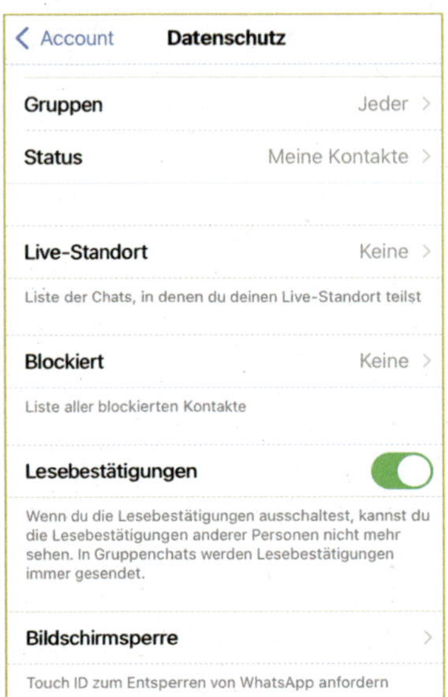

4. Lesebestätigung deaktivieren

In der Standardeinstellung sieht Ihr Gegenüber, ob Sie seine Nachricht bereits gelesen haben: Als Lesebestätigung verwandeln sich dann auf dessen Smartphone die zwei grauen Häkchen neben der gesendeten Nachricht in zwei blaue.

Das muss nicht, aber es kann zu Situationen führen, in denen Ihr Gegenüber Sie vorwurfsvoll fragt, warum Sie denn bisher nicht auf seine Nachricht reagiert haben, obwohl Sie diese doch bereits seit zwei Tagen gelesen haben – schließlich sind die blauen Häkchen ja bereits aufgetaucht.

Diese Lesebestätigung können Sie deaktivieren: Gehen Sie auf *Einstellungen > Account > Datenschutz*. Entfernen Sie hier das Häkchen bei *Lesebestätigungen*.

Bedenken Sie: Sie selbst bekommen nun allerdings auch keine Lesebestätigung angezeigt und wissen so nicht mehr, ob ein anderer Kontakt Ihre Nachricht bereits gelesen hat oder noch nicht.

In einem Gruppenchat herrschen andere Regeln: Hier tauchen die blauen Häkchen immer auf – und zwar sobald auch das letzte Gruppenmitglied die Nachricht gelesen hat.

5. Selbstkontrolle – nicht alles muss gesendet werden

Alle Daten – Texte, Fotos, Sprachnachrichten usw. – werden bei WhatsApp in großen Datenzentren (Servern) gespeichert, bis der Empfänger sie irgendwann abholt. Tut er das nicht, wird die Nachricht – laut eigener Aussage von WhatsApp – nach 30 Tagen gelöscht. Eine Garantie dafür haben Sie nicht.

Aber selbst wenn: Anstand sowie geltendes Recht setzen bei einigen Themen Grenzen. Inhalte wie Firmeninterna, allzu freizügige Fotos, Familienstreitigkeiten und Bilder von Babys Badetag haben nichts in einem WhatsApp-Chat verloren.

Auch wenn Ihr Kind oder Enkel beispielsweise in einer Gruppe mit anderen Kindern spielt, haben Sie rechtlich gesehen nicht die Erlaubnis, ein Foto, auf dem alle Kinder zu erkennen sind, zu verbreiten.

6. Lösch-Funktion für bereits gesendete Nachrichten

Manchmal möchte man die Uhr vielleicht zurückdrehen und eine Nachricht zurückholen, die man kurz zuvor per WhatsApp verschickt hat. In einem gewissen Rahmen bietet WhatsApp diese Möglichkeit tatsächlich.

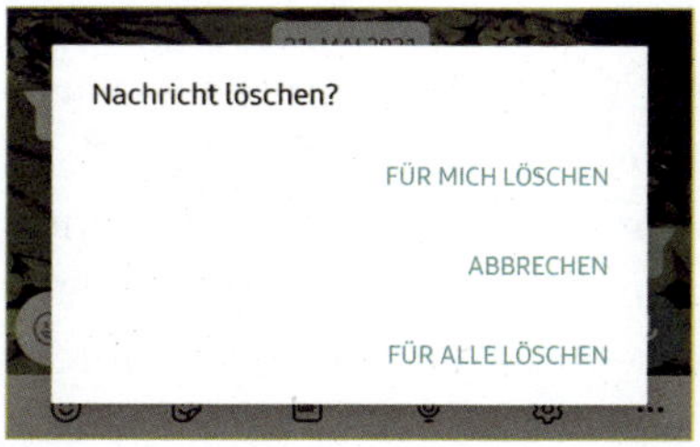

1 Öffnen Sie den Chat und tippen und halten Sie Ihre zu löschende Nachricht.
2 Tippen Sie nun auf das *Papierkorb*-Symbol.
3 Im auftauchenden Dialog wählen Sie *Für alle löschen* und bestätigen mit *OK*.

Die Nachricht ist nun gelöscht. Allerdings erhält der Empfänger statt Ihrer Nachricht dennoch eine Benachrichtigung im Chat-Verlauf mit dem Inhalt: „Diese Nachricht wurde gelöscht." Diese Information an sich kann nicht gelöscht werden. Der Empfänger erhält sie auch, wenn er die Nachricht selbst noch gar nicht empfangen hat, weil er beispielsweise zu dem Zeitpunkt offline war.
Alternativ können Sie im Chat – im Vorfeld – die Funktion „Selbstlöschende Nachrichten aktivieren" (siehe S. 116).

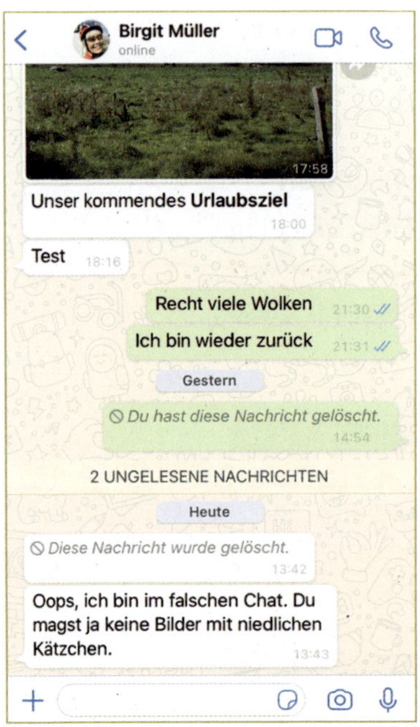

Einschränkungen bei der Lösch-Funktion

Grundsätzlich garantiert WhatsApp nicht, dass eine Nachricht beim Empfänger tatsächlich gelöscht wird.
Letzterer könnte die Nachricht beispielsweise schon in einem Pop-up gesehen oder sogar gelesen oder weitergeleitet haben. Vielleicht wurde die Nachricht bereits im Hintergrund über die Backup-Funktion automatisch gesichert – oder der Empfänger erkennt die „Brisanz" der Nachricht und stößt mal eben schnell einen Chat-Export an. Auch ein Screenshot würde die Nachricht für die Ewigkeit bewahren.
All das kann WhatsApp weder nachvollziehen noch ausschließen. Trotzdem sollten Sie, falls notwendig, die Löschfunktion nutzen, um Ihrem Gegenüber den eigenen Fehler zu signalisieren. Ein guter Freund wird dann sicherlich über eine

„Peinlichkeit“ hinwegsehen und so tun, als hätte er die Nachricht tatsächlich nicht erhalten.
Zudem müssen Sie die Nachricht innerhalb von ca. einer Stunde löschen – danach steht die Option *Für alle löschen* nicht mehr zur Verfügung.

Tipp

Der Sichere Ordner bei Samsung: Sie möchten WhatsApp besonders sicher machen?
Ausschließlich auf Samsung-Smartphones gibt es den *Sicheren Ordner*. Er erlaubt es nicht nur, WhatsApp zu verstecken und durch ein zusätzliches Passwort oder eine PIN zu schützen, Sie können WhatsApp auch mit einer weiteren Telefonnummer, einem vollkommen eigenständigen Adressbuch und sogar eigenem Google-Sicherungskonto nutzen.
Zuerst müssen Sie gemäß der Anleitung Ihres Samsungs über die *Einstellungen*-App den *Sicheren Ordner* anlegen. Danach können Sie ihn wie ein „Smartphone im Smartphone“ behandeln. Spendieren Sie dem virtuellen Smartphone ein eigenes Google-Konto und ein eigenes Adressbuch, das Sie in den sicheren Ordner oder an einem PC in Google Kontakte eingeben (über das neue Google-Konto). WhatsApp kann anschließend nur auf Daten des sicheren Ordners zugreifen – und über diese Daten haben Sie die vollständige Kontrolle.

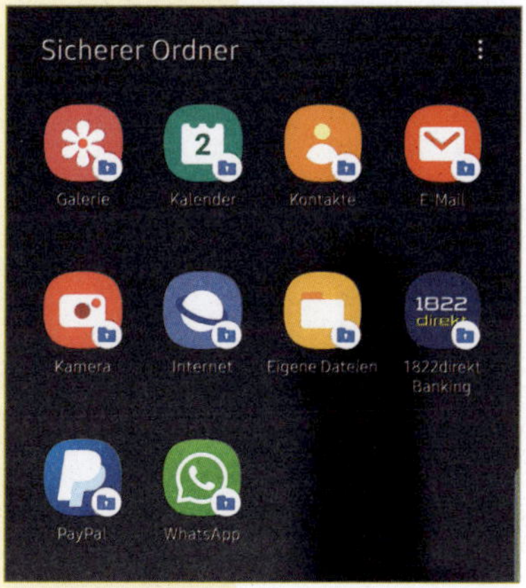

Tipps, Tricks & Alternativen

Fast alles zu WhatsApp wissen Sie nun bereits. Ein paar versteckte Zusatzfunktionen gibt es dennoch – um diese geht es hier. Falls Sie durch WhatsApp Gefallen gefunden haben an Messenger-Diensten, nun aber auf der Suche nach Alternativen sind, werden Ihnen zum Abschluss weitere Apps vorgestellt. Denn schließlich können Sie auch mehrere Messenger parallel laufen lassen.

Tipps & Tricks für WhatsApp

Seien Sie skeptisch, was Apps von Drittanbietern mit Zusatzfunktionen für WhatsApp angeht. Bestenfalls erhalten Sie bildschirmfüllende Werbeeinblendungen, schlimmstenfalls sehen und stehlen Betrüger hinter solchen Apps Ihre Daten.
Es gibt aber trotzdem Möglichkeiten, den Funktionsumfang von WhatsApp zu erweitern.

WhatsApp-Konto per Zwei-Faktor-Authentifzierung schützen

Ihre Telefonnummer ist Benutzername und zugleich Passwort Ihres WhatsApp-Kontos. Wer die Kontrolle über Ihre Telefonnummer hat, sei es auch nur vorübergehend, weil Ihr Telefon für wenige Minuten unbeaufsichtigt ist, kann Ihr Konto auf seinem Telefon einrichten. Eine Verifizierung in zwei Schritten stellt sicher, dass tatsächlich nur Sie sich mit Ihrer Telefonnummer anmelden können.

1 Rufen Sie in den *Einstellungen* Ihren Account auf und tippen Sie dann auf *Verifizierung in zwei Schritten*.

2 Nachdem Sie auf *Aktivieren* getippt haben, müssen Sie einen sechsstelligen Code festlegen, der künftig bei jeder neuen Anmeldung mit Ihrer Telefonnummer abgefragt wird.

3 Außerdem fragt WhatsApp nach einer gültigen E-Mail-Adresse, falls Sie die PIN vergessen und zurücksetzen müssen.

4 Sie können nun jederzeit die Verifizierung in zwei Schritten wieder *deaktivieren* oder auch PIN und E-Mail-Adresse für die Wiederherstellung ändern.

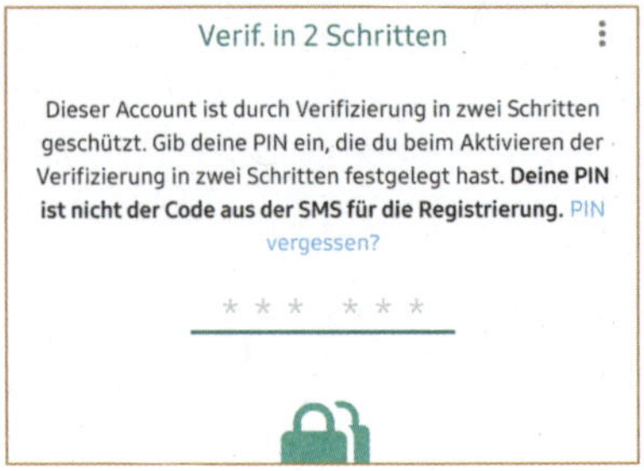

Sollten Sie das nächste Mal WhatsApp neu einrichten, wird nach der Eingabe des per SMS verschickten Codes als zweiter Schritt die soeben hinterlegte PIN abgefragt. Damit Sie sich diese leichter einprägen können, fragt WhatsApp zudem unregelmäßig auch bei anderen Gelegenheiten nach der PIN.

Selbstlöschende Nachrichten aktivieren

Sie möchten nicht, dass Ihre Kommunikation mit einer bestimmten Person automatisch dauerhaft gespeichert wird, weder bei Ihnen noch beim Empfänger? Auch hier hat WhatsApp eine Lösung.

1 Gehen Sie in den *Chat*, dessen Nachrichten künftig automatisch gelöscht werden sollen.

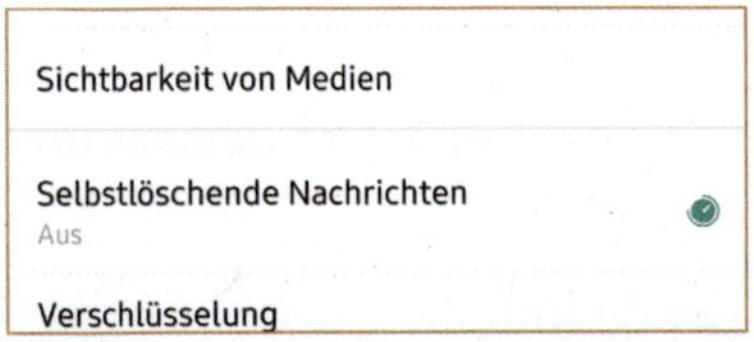

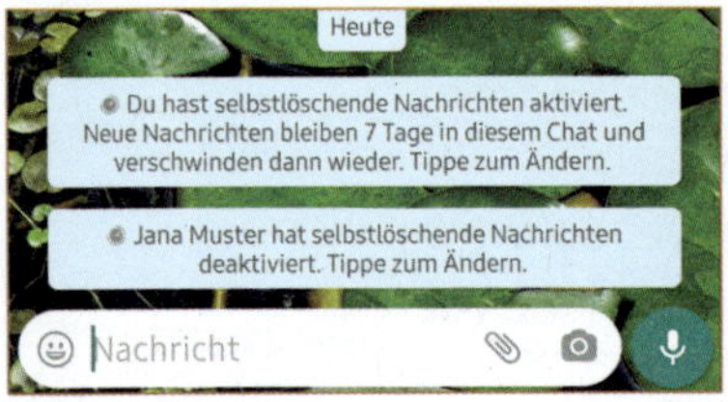

2 Tippen Sie oben auf den *Namen der Person*, um deren Profil aufzurufen.

3 Darin finden Sie die Option für die *Selbstlöschenden Nachrichten*, die in der Voreinstellung ausgeschaltet ist.

4 Durch Antippen wird die Funktion aktiviert. Vorher informiert Sie WhatsApp aber noch über wichtige Details wie die Löschung nach sieben Tagen und die Möglichkeit, Nachrichten und zugehörige Medien vorab lokal zu speichern, um die Löschung zu verhindern. Tippen Sie bei Bedarf auf *Mehr erfahren* für weitere Infos.

Die automatische Löschung gilt zudem nur für Nachrichten, die Sie ab dem Zeitpunkt der Aktivierung senden.
Der Empfänger wird mit einem Pop-up und einem Eintrag in seinem Chatverlauf über die automatische Löschung informiert. Er kann diese Einstellung zudem jederzeit wieder rückgängig machen – die Benachrichtigung im Chat zur Selbstlöschung antippen reicht, um die Einstellung direkt aufzurufen. Sie sollten dies also vorab mit dem Empfänger (oder in einer Gruppe mit allen Mitgliedern) besprechen.

Fotos und Videos ohne Qualitätsverlust verschicken

Alle Fotos und Videos, die Sie per WhatsApp versenden, werden vorab stark komprimiert und in ihrer Auflösung reduziert. Das führt zu einem deutlichen Qualitätsverlust.
Dies können Sie umgehen, indem Sie das Foto als Datei schicken.

1 Tippen Sie im Chat auf das *Büroklammer*-Symbol (Android) bzw. auf das *Plus*-Zeichen (iPhone) und dann auf *Dokument*.

2 Navigieren Sie zum Speicherort des Fotos.

3 Wählen Sie es durch Antippen aus und bestätigen Sie, dass Sie die gewählte Datei verschicken wollen.

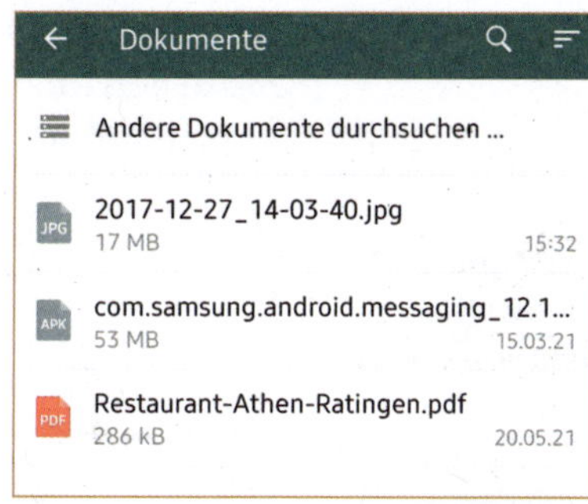

Denken Sie daran, dass Sie auf dem iPhone nicht auf diese Art direkt auf die Fotos zugreifen können, weil Sie ja offiziell ein Dokument versenden wollen. Fotos, die Sie im Original per iPhone verschicken wollen, müssen auf iCloud liegen. Das sollte aber per Voreinstellung der Fall sein. Ansonsten können Sie es aus *Fotos* heraus über das Teilen-Symbol *In Dateien sichern*, was als Speicherort wiederum iCloud zur Verfügung stellt.

Sprachnachrichten vor dem Versand anhören

Sprachnachrichten lassen sich mit WhatsApp sehr komfortabel aufnehmen: *Mikrofon*-Symbol antippen und halten, sprechen, Symbol loslassen, und schon ist die Sprachnachricht verschickt. Aber vielleicht möchte man sich die Aufnahme vor dem Versand noch einmal anhören?

1 Dazu müssen Sie zuerst das *Mikrofon*-Symbol antippen und nach oben ziehen, bis es beim Schloss einrastet.

2 Nun sprechen Sie wie gewohnt Ihre Nachricht.

3 Statt jedoch am Ende der Aufnahme auf das *Senden*-Symbol zu tippen, nehmen Sie die Zurück-Taste (oder den *Pfeil* oben links), um den Chat zu verlassen.

4 WhatsApp beendet nun die Aufnahme automatisch und sobald Sie in den Chat zurückkehren, wird Ihnen am unteren Bildrand die Sprachaufnahme links neben dem Senden-Symbol angezeigt.

5 Tippen Sie nun auf den *Wiedergabepfeil links*, um die Nachricht abzuhören.

6 Tippen Sie auf *Senden*, um die Nachricht zu verschicken, oder auf den *Papierkorb*, um sie zu löschen.

WhatsApp-Nachrichten übersetzen

Dieser Tipp funktioniert für Android und iPhone.
Laden Sie über den Play Store bzw. den App Store die Google-Tastatur *Gboard* herunter und folgen Sie den jeweiligen Anweisungen zur Einrichtung der Tastatur.

1 Wenn Sie eine neue Chat-Nachricht verschicken wollen, sollte sich nun die Google-Tastatur öffnen, auf der Sie links oben das *bunte G* als Google-Symbol sehen.

2 Auf einem iPhone müssen Sie vorab die Weltkugel unten links antippen und halten und Gboard als Tastatur auswählen.

3 Tippen Sie zuerst darauf und anschließend auf das Symbol des *Google-Übersetzers*.

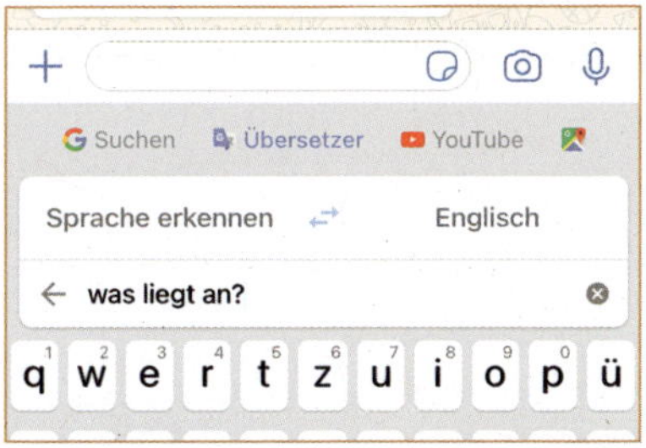

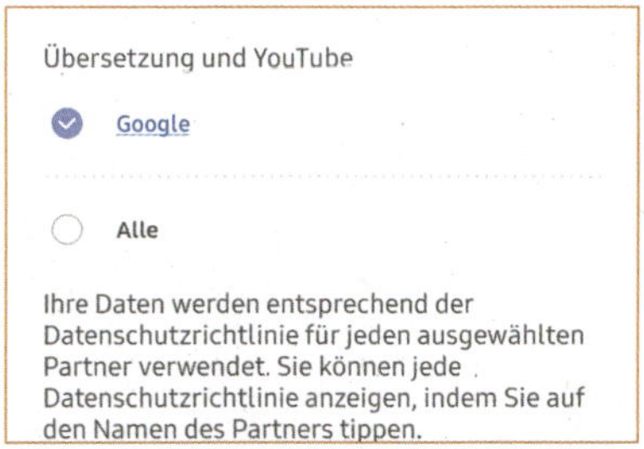

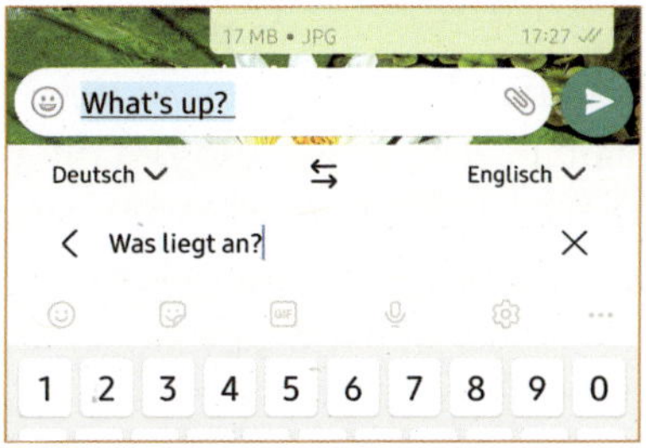

4 Links über dem sich öffnenden Eingabefeld wählen Sie die Ausgangssprache aus, rechts die Zielsprache. Nun können Sie etwa Text in Deutsch eingeben, den die Tastatur nach dem Tippen auf *Übersetzen* ins Englische übersetzt und in das Eingabefeld von WhatsApp einfügt.

5 Ein Tippen auf *Senden* schickt die übersetzte Nachricht ab.

6 Falls Sie ein aktuelles Galaxy-Smartphone von Samsung besitzen, können Sie auch den dort integrierten Übersetzer statt Gboard verwenden. Dazu tippen Sie einfach auf die *drei Punkte* für das Menü der Tastatur (oberhalb der Buchstaben bzw. Zahlen) und wählen *Übersetzen*. Evtl. müssen Sie nun noch den Übersetzer von Google einmalig aktivieren.

Was weiß WhatsApp über mich?

Eine gute Frage, die WhatsApp zumindest zum Teil auch gerne jederzeit beantwortet. Sie können nämlich Daten zu Ihrem WhatsApp-Konto über die App anfordern und einsehen.

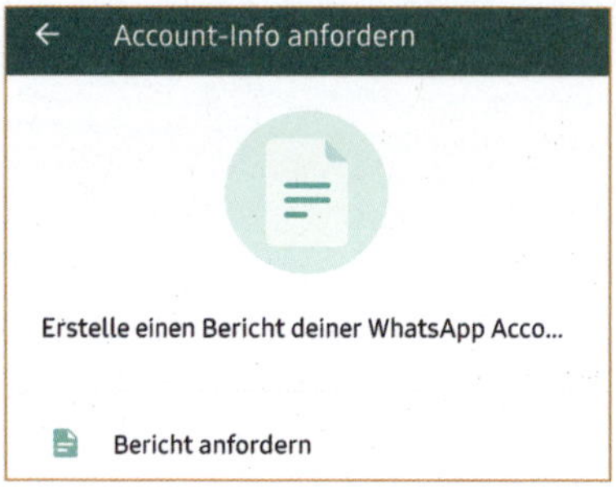

1 Gehen Sie in die Einstellung und tippen Sie auf *Account*.

2 Wählen Sie nun *Account-Info anfordern*.

3 Nun können Sie den Bericht über Ihre Kontodaten anfordern. Allerdings nimmt sich WhatsApp bis zu drei Tage Zeit, um die Anfrage zu beantworten.

4 Der Bericht enthält alle Details, die WhatsApp über Ihr Konto gespeichert hat. Dazu gehören die Telefonnummern Ihrer Kontakte, die Namen Ihrer Gruppen, Ihr Profilbild und Details zu Ihren Einstellungen. WhatsApp merkt sich aber auch, wann Sie welcher Version der Nutzungsbedingungen zugestimmt haben.

Kommende Funktionen

Auch WhatsApp wird kontinuierlich weiterentwickelt. Unter anderem wird der Dienst künftig auf mehr als einem Gerät gleichzeitig funktionieren – Sie können die App also etwa dauerhaft auf einem Zweithandy und parallel auf Tablet oder iPad einrichten.
Außerdem soll ein Umzug von iPhone auf Android und umgekehrt unterstützt werden, wahrscheinlich durch die freie Wahl des Cloud-Speichers für das Backup. Die Datensicherung auf den Servern von Google und Apple wird bisher noch nicht Ende-zu-Ende verschlüsselt. Auch das soll sich in Zukunft ändern.
Des Weiteren erlaubt es WhatsApp wohl schon bald, dass die automatische Löschung von Nachrichten als Standard eingestellt wird. Eine *View Once* genannte Funktion gibt vor, dass man sich erhaltene Fotos und Videos nur einmal anschauen kann – danach werden sie ebenfalls automatisch gelöscht.

Alternativen zu WhatsApp

Gerade die jüngste Diskussion um die neuen Nutzungsbedingungen für WhatsApp hat einige Nutzer dazu gebracht, sich mit Alternativen zu beschäftigen. Tatsächlich gibt es Dutzende weitere Apps für Chats und Internettelefonie, beschränkt man die Auswahl allerdings auf wichtige Kriterien wie Verbreitung und Sicherheit, wird das Angebot recht überschaubar. Vor allem bei der Verbreitung kann kein Anbieter mit WhatsApp mithalten – und darum geht es letztlich: wie viele Ihrer Kontakte auch auf der alternativen Plattform mitspielen (oder von Ihnen dazu überredet werden).

Apple iMessage

iMessage ist Nutzern von Apple-Geräten vorbehalten: Für Android oder andere Betriebssysteme gibt es die App nicht. Untereinander können sich iPhone-, iPad- und Mac-Nutzer damit kostenlos Nachrichten, Bilder, Videos, Kontakte und Dateien schicken. Die Anmeldung erfolgt per Apple ID.
Ist der Empfänger einer Nachricht nicht bei Apple registriert, wird die Nachricht per SMS verschickt, was entsprechende Kosten verursacht. Auch iMessage verschickt Nachrichten mit einer Ende-zu-Ende-Verschlüsselung.

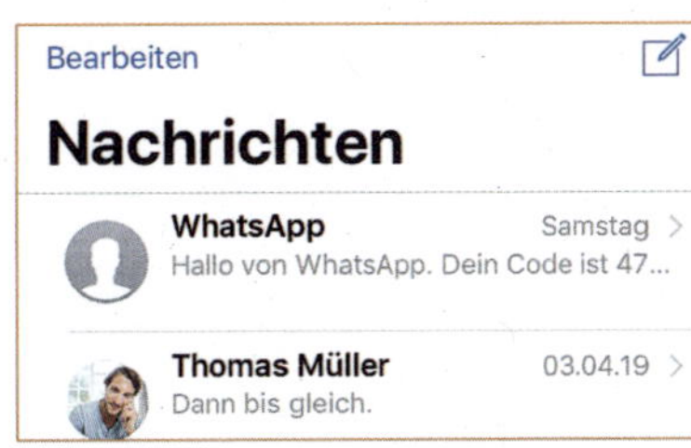

Facebook Messenger

Ursprünglich in Facebook integriert, ist der Facebook Messenger heute eine eigenständige App. Selbst wenn der Name es suggeriert, ist die App nicht nur Mitgliedern des Social Networks Facebook vorbehalten. Auch ohne Facebook-Konto können Sie sich für den Messenger registrieren und anschließend mit Personen kommunizieren, die kein Facebook-Konto haben.
Neben der Voll- gibt es auch eine Lite-Version mit abgespecktem Funktionsumfang, erkennbar am weißen Logo.

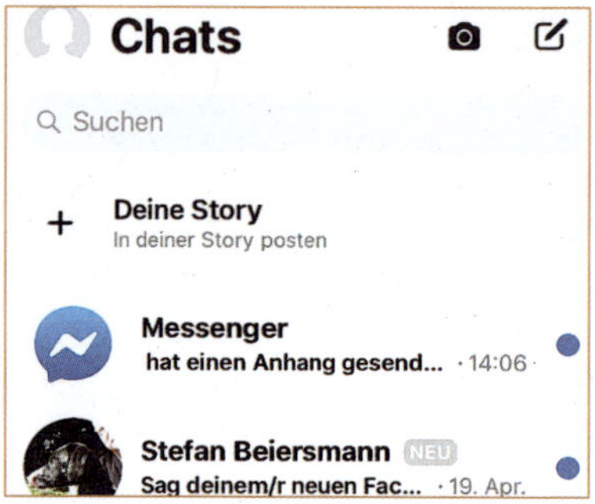

Zum Funktionsumfang beider App-Varianten gehören Chats, Gruppenchats, der Versand von Fotos und Videos und kostenlose Telefonate mit anderen Facebook-Nutzern.

Tippen Sie auf das Symbol in der rechten oberen Ecke für eine neue Nachricht und geben Sie den Namen der Person ein, mit der Sie kommunizieren möchten. Oder Sie tippen auf einen Chat und setzen eine Kommunikation fort.

Facebook Messenger Rooms

Eine Alternative zu Gruppen-Videotelefonaten sind Chatrooms. Denn dort können auch größere Gruppen an einem Videochat teilnehmen. Darüber hinaus bieten die Chatrooms eine Besonderheit: Es können auch Personen beitreten, die WhatsApp gar nicht verwenden und nicht einmal ein Facebook-Konto haben.

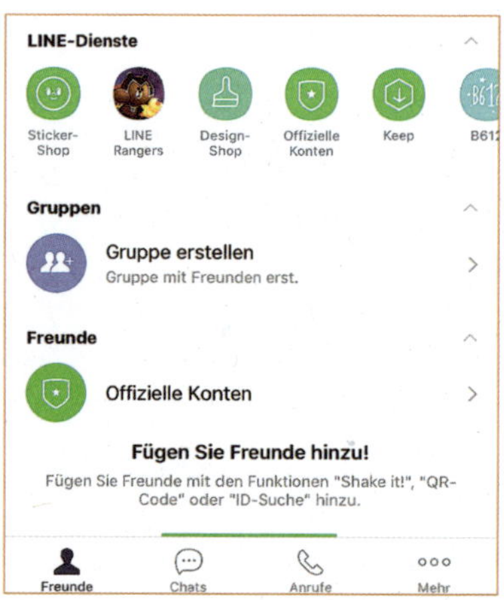

Sie als Initiator benötigen ein Facebook-Konto. Teilnehmer lassen sich anschließend jedoch über einen Link hinzufügen, den sie in der Messenger-App erzeugen und von dort etwa per WhatsApp oder E-Mail verschicken. Messenger Rooms ist somit nur bedingt eine Alternative – Vorteile ergeben sich für Sie nur, wenn Sie einen Videochat mit mehr als acht Personen führen wollen oder mit Personen, die weder WhatsApp noch Facebook haben.

Unter Android nutzen Sie das *Kamera*-Symbol unten rechts (oberhalb des *Hörer*-Symbols) im Tab *Anrufe*. Auf Ihrem iPhone sehen Sie, nachdem Sie die Liste der Anrufe einmal nach unten gezogen haben, den Punkt *Chatroom erstellen*. Danach wird Ihnen bereits die Meldung angezeigt, die Sie zum *Facebook Messenger* weiterleitet.

Signal

Diese App gilt als besonders sicher. Sie wird von dem Whistleblower Edward Snowden empfohlen, dessen Enthüllungen 2013 die Affäre um den US-Auslandsgeheimdienst National Security Agency (NSA) auslösten.

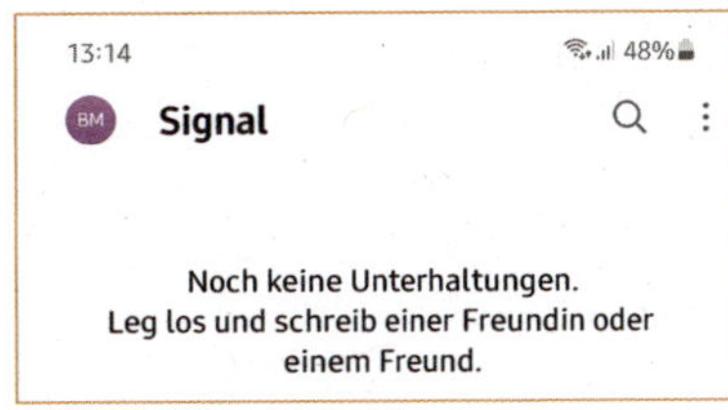

Die App gibt es kostenlos im Google Play Store und im Apple App Store. Ihr Funktionsumfang ist mit WhatsApp vergleichbar: Chats, Gruppenchats sowie Sprach- und Videoanrufe.

Signal benötigt eine Telefonnummer, aber nicht zwingend Zugriff auf die Kontakte. Eine neue Nachricht können Sie auch einfach an eine andere Mobilfunknummer schicken. Falls der Empfänger kein Signal hat, kommt die Nachricht als SMS trotzdem an (was lediglich unter Umständen Kosten verursacht).

Skype

Kostenlose Sprach- und Videoanrufe zwischen Skype-Nutzern stehen hier im Mittelpunkt. Es gibt sie gratis für Android und für das iPhone – sowie für Windows, macOS und Linux.

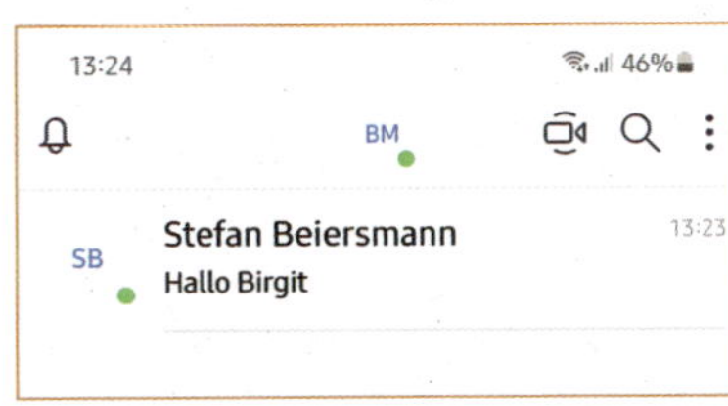

Im Gegensatz zu WhatsApp kann man hier jede beliebige Telefonnummer anrufen (gegen Gebühr). Aber gerade bei Auslandsgesprächen sind diese Gebühren oft deutlich niedriger als beim eigenen Telefonanbieter, weswegen Skype auch bei Unternehmen sehr beliebt ist.

Eine weitere Funktion, die auf Geschäftskunden ausgerichtet ist, sind Telefon- und Videokonferenzen mit mehreren Teilnehmern. Daneben bietet die App aber auch eine Chat-Funktion inklusive der Übertragung von Fotos und Videos. Auch bei Skype lässt sich der Zugriff auf die eigenen Kontakte verweigern. Allerdings muss man dann die Skype-Namen der Personen kennen, mit denen man kommunizieren möchte.

Telegram

Aktiviert man die Funktion *Geheime Chats* mit der der Ende-zu-Ende-Verschlüsselung, gehört dieser Messenger – gratis für Android und iPhone – zu den sichersten. So sind auch Nachrichten möglich, die nach einer bestimmten Zeit für alle komplett gelöscht werden.

Telegram verzichtet auf Wunsch auf das Auslesen der Kontakte. Die App speichert aber Chats und Dateien auf seinen Servern. Das schwächt Datenschutz und Privatsphäre, hat aber den Vorteil, dass alle Chats automatisch gesichert und jederzeit auf allen Geräten zur Verfügung stehen – inklusive PCs. Telegram lässt sich also auf mehreren Geräten gleichzeitig einsetzen.

Ginlo

Der Nachfolger von SIMSme der Deutschen Post. Die Macher versprechen, keine Daten an Server außerhalb der EU zu übertragen. Ende-zu-Ende-Verschlüsselung ist ebenso an Bord wie die Kontrolle über die Kontakte.

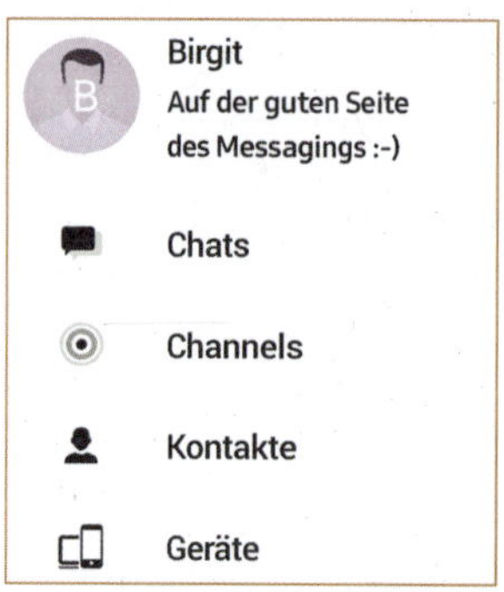

Sie registrieren sich zwar mit einer Telefonnummer, die Identifikation gegenüber anderen Nutzern erfolgt aber über einen individuellen Code, den die App generiert. Falls Sie der App den Zugriff auf Ihre Kontakte verweigern, müssen Sie diesen Code anderen Ginlo-Nutzern geben, damit sie mit Ihnen kommunizieren können. Außerdem bietet Ginlo eine Selbstzerstörung für Nachrichten. In jedem Chat kann für eine einzelne Nachricht diese Funktion aktiviert werden, und zwar mit mehreren Zeitstufen.

Wire

Auch diese App punktet damit, dass Sie sie auf Smartphone und PC gleichzeitig nutzen können. Zu diesem Zweck speichert Wire nicht zugestellte Nachrichten verschlüsselt auf seinen Servern. Erst wenn alle angemeldeten Geräte die Nachrichten abgerufen haben, werden sie dort gelöscht. Die Preisgabe des Adressbuchs ist freiwillig, eine Telefonnummer oder E-Mail müssen Sie jedoch bei der Registrierung aber hinterlegen.

Threema

Bei sicherheitsbewussten Nutzern erfreut sich Threema großer Beliebtheit. Die schweizerische App nutzt Ende-zu-Ende-Verschlüsselung und bietet eine Funktion, mit der sich die Identität des Empfängers zweifelsfei überprüfen lässt.

Die App kostet sowohl im Google Play Store als auch in Apples App Store einmalig 3,99 Euro. Threema verspricht Nutzern „völlige Anonymität". Eine Telefonnummer oder E-Mail muss nicht, kann aber freiwillig angegeben werden. Sie können neben Textnachrichten auch Fotos und Sprachnachrichten verschicken. Ende-zu-Ende verschlüsselte Telefonate sind ebenfalls möglich. Zum weiteren Funktionsumfang gehören Gruppenchats, Verteilerlisten und Umfragen.

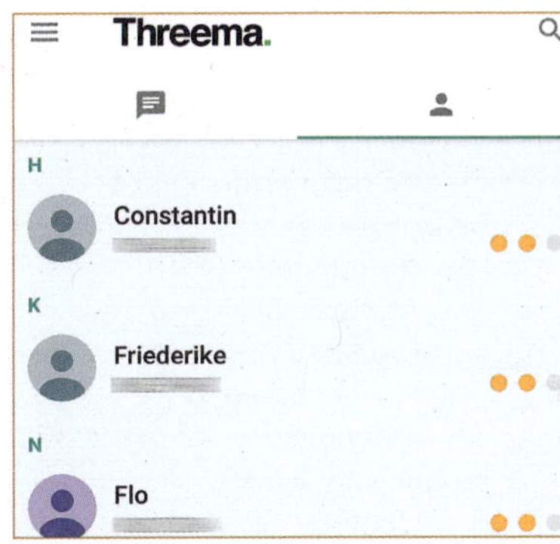

Alternative oder Parallelbetrieb?

Das Angebot an Messengern für Android und iPhones ist groß. Eines der wichtigsten Argumente ist stets, wie viele der eigenen Kontakte sich ebenfalls auf der jeweiligen Plattform tummeln – oder wie gut Ihre Überredungskünste sind, Freunde und Bekannte von der App Ihrer Wahl zu überzeugen. Denn ohne Kontakte keine Chats.

Natürlich ist auch der Parallelbetrieb mehrerer Messaging-Apps möglich. Sie können also etwa per WhatsApp mit den meisten Ihrer Kontakte kommunizieren und gleichzeitig über einen sichereren Messenger mit anderen Freunden Kontakt halten.

Hilfe

Stichwortverzeichnis

Die Stiftung Warentest wurde 1964 auf Beschluss des Deutschen Bundestages gegründet, um dem Verbraucher durch vergleichende Tests von Waren und Dienstleistungen eine unabhängige und objektive Unterstützung zu bieten.

Der Autor Stefan Beiersmann schreibt seit 2006 als freier Journalist für mehrere Onlinemagazine über das Tagesgeschehen in der IT-Branche.
Im Buchprogramm der Stiftung Warentest ist von ihm bereits der Ratgeber „Samsung Galaxy" erschienen.

3., aktualisierte Auflage

Stiftung Warentest
Lützowplatz 11–13
10785 Berlin
Telefon 0 30/26 31–0
Fax 0 30/26 31–25 25
www.test.de
email@stiftung-warentest.de

USt-IdNr.: DE136725570

Vorstand: Hubertus Primus
Weitere Mitglieder der Geschäftsleitung:
Dr. Holger Brackemann, Julia Bönisch,
Daniel Gläser

Programmleitung: Niclas Dewitz

Autor: Stefan Beiersmann
Projektleitung, Lektorat: Johannes Tretau
Mitarbeit: Merit Niemeitz
Korrektorat: Susanne Reinhold, Berlin
Layout, Grafik, Satz: Büro Brendel, Berlin
Bildnachweis: avenue-images (Titel);
shutterstock, istock (Umschlag Rückseite)
Screenshots: Stefan Beiersmann

Produktion: Vera Göring
Verlagsherstellung: Rita Brosius, Ltg.,
Romy Alig, Susanne Beeh
Litho: tiff.any, Berlin
Druck: brandenburgische universitätsdruckerei, potsdam

ISBN: 978-3-7471-0450-7

Wir haben für dieses Buch 100 % Recyclingpapier und mineralölfreie Druckfarben verwendet. Stiftung Warentest druckt ausschließlich in Deutschland, weil hier hohe Umweltstandards gelten und kurze Transportwege für geringe CO_2-Emissionen sorgen. Auch die Weiterverarbeitung erfolgt ausschließlich in Deutschland.